Psicologia e Educação

Direitos exclusivos para publicação:

EDITORA FORMA E AÇÃO Ltda.

CNPJ 06.192.741/0001-06

Inscrição Estadual: 77.876.367- Inscrição Municipal: 348.395-9

Rua Clarice Lispector, 159 – CEP 22.753-180 Itanhangá

Rio de Janeiro/ RJ – Brasil

Tel: 55(21) 2429-0729/ Fax : 55(21) 3419-0051 (fax s/ demanda)

e-mail: formaeacao@terra.com.br

Coordenação da Coleção: Profa. Zaia Brandão

Revisão Editorial: Janaína de Souza e Silva

Revisão Técnica: Rosália Duarte

Projeto Gráfico: Pedro Lima Brandão

B132p

Baeta, Anna Maria Bianchini-

Psicologia e Educação

/ Anna Maria Baeta ; [coordenação da coleção Zaia Brandão]- Rio de Janeiro : Forma & Ação, 2006

il. - (Fundamentos de educação ; 2)

Inclui bibliografia

ISBN 85-98418-02-1

1. Psicologia da Educação. 2. Professores e alunos. I. Título. II. Série.

06-2341. CDD 370.15

CDU 37.015.3

04.07.06 05.07.06 015148

FUNDAMENTOS DA EDUCAÇÃO

Psicologia e Educação

Anna Maria Baeta

EDITORA FORMA & AÇÃO

Sumário

Agradecimentos

A leitura competente e crítica que a professora Dra. Rosália realizou deste livro, antes da publicação, foi extremamente valiosa para mim.

Estou convencida de que uma das grandes sortes que tive ao longo de minha vida profissional foi ter convivido com pessoas de muitas instituições e formações acadêmicas diversificadas, a maioria com compromisso profissional autêntico.

Se adquiri conhecimentos estudando, formei meus pensamentos dialogando.

Pelo muito que aprendi com vocês, meu muito obrigada.

Da alfabetização de adultos até a orientação de dissertações na pós-graduação, tive o privilégio de ser desafiada a encontrar estratégias que me auxiliassem a exercer minha tarefa de ensinar.

Felizmente, logo entendi que, sem ouvir aqueles que estavam aprendendo, eu pouco faria além de repetir o que já estava nos livros.

Agradeço de coração a todos os alunos que me avisaram que "não estavam entendendo" ou que a aula estava sem graça. Foram eles que me incentivaram a ser uma professora sempre em busca de comunicação com cada turma, com cada aluno.

Apresentação

Toda ciência tem perguntas que norteiam sua produção, em torno da quais são realizadas suas investigações. Pode-se dizer que a pergunta-chave do saber psicológico diz respeito a como o homem conhece o mundo e como conhece a si mesmo no mundo. Ressignificando a história da psicologia a partir desse ponto de vista, pode-se supor que tenha sido exatamente por essa via que ela se ligou à educação. Explicar como os seres humanos adquirem conhecimentos e valores, entender como eles se relacionam com o saber, como aprendem e como se desenvolvem, analisar as relações que se estabelecem entre razão e emoção no entendimento das coisas do mundo, estes são alguns dos propósitos fundamentais da psicologia como ciência, cujos resultados ela se dispôs a oferecer ao campo educacional, sobretudo a partir da universalização do acesso à escola.

Questões relacionadas ao problema de como conhecemos o mundo e a nós mesmos (o ser humano é o único capaz de refletir sobre si próprio) atravessam toda a história da Psicologia e estão presentes nos estudos desenvolvidos por Herbart, Wundt, William James, Piaget, Skinner, Vygotsky, Freud, entre outros pensadores, cujo legado tem contribuído decisivamente para as mudanças que a educação vem implementando em suas concepções e em suas práticas a partir do final do século XIX. A Psicologia da Educação sistematiza e organiza este legado, e realiza pesquisas que ampliam e aprofundam o que já foi consolidado. Levando em conta a complexidade de seu objeto ela nos alerta que objetividade e subjetividade são instâncias inseparáveis e complementares do comportamento e do pensamento humanos; que é preciso observar os comportamentos no contexto em que se verificam para melhor compreendê-los, mas que é preciso, também, ir além do observável, conhecer a história dos sujeitos, da sociedade e das culturas nas quais ele se insere, se quisermos oferecer condições favoráveis ao desenvolvimento de suas potencialidades; que para se saber o que outro pensa e sente é preciso perguntar a ele; que o singular fala, o desviante fala, o ponto fora da curva fala, tanto quanto a regularidade e a norma; que seres humanos somente se tornam sujeito na relação com o outro (o olhar do outro os constitui) e isso faz do processo de subjetivação um fenômeno intrinsecamente social; que a sociedade não é uma entidade abstrata pairando acima dos indivíduos humanos, mas que, ao contrário, é feita de indivíduos e das relações que eles estabelecem entre si. Nesse sentido, uma sociedade será tanto melhor quanto melhor forem seus membros, e tanto mais saudável quanto mais saudáveis forem as relações que estabelecerem entre eles.

Assumindo estes pressupostos, e avançando na configuração de um campo de estudos que pensa e analisa a relação dos sujeitos humanos com o conhecimento e as intituições e práticas educacionais, a Psicologia da Educação oferece subsídios para que a atividade educativa venha a se tornar cada vez mais eficiente, menos intuitiva e mais adequada às necessidades daqueles a quem ela se destina: os aprendizes.

Neste livro, Anna Maria Baeta nos convida a ingressar no universo teórico e conceitual da Psicologia da Educação pela porta da experiência acumulada ao longo de décadas. É um texto encantador e consistente, baseado em muitos anos de investigação na área de psicologia e em outros tantos anos de prática como professora de professores, na qual transpõe conhecimentos de um campo para outro. A autora nos conduz, generosamente, ao interior dos saberes acumulados pela Psicologia que têm o conhecimento, a aprendizagem, o desenvolvimento humano e o ensino como fios condutores; compartilha conosco o resultado de suas pesquisas e o sólido conhecimento que construiu nessa área, apontando caminhos para o aprofundamento de nossas reflexões sobre a educação, sobre o ensino, a escola, a prática pedagógica, a relação professor-aluno, e também sobre nós mesmos. Os capítulos que tratam das contribuições de Piaget e de Vygotsky para a educação são primorosos. Pouca vezes li textos tão claros e densos sobre as teorias desses autores, fundamentais e ao mesmo tempo complexas. Excelente também, atual e muito bem-vindo, o capítulo que discute descobertas recentes da neurociência a respeito do funcionamento do cérebro humano, da relação mente/cérebro, dos vínculos entre fisiologia e psicologia na composição do pensamento e do comportamento, entre outras temáticas caras a esse campo de pesquisa.

O livro reúne, ainda, textos da autora publicados anteriormente e transcrições de palestras em que ela analisa questões atuais da educação, como a dificuldade de diálogo da escola com os estudantes adolescentes, os conflitos mais comuns entre professores e alunos, a dor e as delícias de ser professor. É imprescindível para professores e estudantes de licenciatura e de pedagogia, bem como para todos os que se interessam por compreender melhor os processos de construção de conhecimentos e os fatores que ajudam a promover mudanças na prática educacional.

Rosália Duarte

Introdução

Os anos de experiência lecionando a disciplina Psicologia da Educação na licenciatura e em cursos de formação continuada de professores; a tarefa de realizar pesquisas, bem como de orientar dissertações de mestrado e/ou fazer parte de bancas examinadoras, além de ter atuado em educação não-formal em museus e experiências em educação de jovens e adultos determinaram o conteúdo e a forma de sua apresentação neste livro.

São décadas de dúvidas, questionamentos, superação de modelos resultantes não só do acesso a novas teorias, aos novos enfoques dos problemas educacionais, mas também da oportunidade de investigar teoricamente os resultados de avaliações externas à sala de aula, como é o caso do Sistema de Avaliação da Educação Básica (SAEB).

Tive a oportunidade de atuar como consultora pedagógica do SAEB/INEP/MEC, no período de 2001 a 2002. A comparação dos resultados de pelo menos três ciclos (1996, 1998 e 2000) foi de especial importância para reforçar a minha convicção de que, para além das análises importantíssimas das variáveis socioeconômicas e culturais dos alunos e professores (nível de escolaridade individual e dos pais, faixas de renda familiar, tipo de escola freqüentada, nível de consumo de bens materiais e culturais, etc.), é urgente aprofundar os dados sobre a construção de conhecimento dos alunos e as possíveis articulações com as práticas de sala de aula do ponto de vista pedagógico.

Assim, tão ou mais sérios se tornam os resultados recorrentes dos vários ciclos de avaliação dos alunos na 4ª e 8ª séries do Ensino

Fundamental e da 3ª série do Ensino Médio realizados pelo SAEB, levado a efeito, já há doze anos, no país, pelo MEC / INEP[1].

Mesmo aqueles alunos que alcançaram a 4ª série, portanto, os remanescentes na escola, parecem demonstrar lacunas na construção de suas estruturas cognitivas que impedem a aquisição de conteúdos escolares. Conteúdos esses indispensáveis, tanto para a progressão na escolarização, quanto para a compreensão de um contexto cultural cada vez mais necessário à construção da cidadania.

Uma análise qualitativa dos resultados do SAEB e de outras experiências avaliativas indica que, tanto a formação inicial de professores, quanto as iniciativas de formação continuada precisam, urgentemente, se apropriarem de forma teoricamente consistente daqueles resultados, não para "treinar" professores / alunos, mas para dar-lhes novos embasamentos em suas práticas, seja para a Educação Fundamental, seja para a Infantil e de Jovens e Adultos.

Um exemplo ilustra o que está sendo proposto. O desempenho dos alunos no SAEB é extremamente fraco em conteúdos, tais como: frações, números decimais, percentagem e unidades e subunidades de medidas de grandeza de tempo, espaço, volume, peso, etc.

Na base cognitiva de todos esses conteúdos está, por exemplo, a estrutura operacional capaz de lidar com o *todo* e a *parte* - competência igualmente indispensável para a compreensão de um tema central de um texto, a partir da leitura dos parágrafos, bem como das classificações necessárias em ciência e dos elementos constitutivos e suas relações no meio ambiente, por exemplo.

A compreensão do *todo* e da *parte* pode e deve ser construída pelas crianças por meio de jogos, brincadeiras, manipulações de objetos, relatos por meio de histórias narradas e/ou criadas, bem como pelo ensino mais sistematizado, na escola. Tanto no contexto da natureza, quanto no da cultura, são inúmeros os exemplos a serem aproveitados pelos pais e professores. Mas não basta o professor propor e realizar essas atividades com os alunos. Ele precisa saber o que e por que o está fazendo. Qual a base teórica que embasa suas ações, assim como as dos alunos? Quais os objetivos pretendidos? Há coerência entre objetivos e método de ensino?

---

1 Ministério da Educação e Cultura/ Instituto Nacional de Estudos Pedagógicos.

A construção de noções de tempo e espaço se torna mais efetiva se, ao longo da infância, a criança interage com essas noções: tempo cronológico, tempo histórico, tempo biológico, etc., que fazem parte do cotidiano, tal como dia, semana, mês, ano. A partir de perguntas como: quantos anos você tem? quem é mais velho? podemos desenvolver um diálogo com as crianças que as iniciem em uma reflexão sobre o tempo? Quanto à noção de espaço, poderia ficar assim: do espaço vivido, conhecido em três dimensões, a criança passa a representá-lo por meio do espaço desenhado, espaço delimitado, espaço partilhado. Se as atividades forem desenvolvidas por intermédio de diferentes linguagens, isto é, verbal, gestual, musical, imagética e simbólica, a construção da noção de espaço fica cada vez mais acessível à criança.

Um campo de futebol e as regras desse jogo são um bom exemplo de como se pode auxiliar a construção de conceitos como área, perímetro, frente, atrás, deslocamentos, etc.

Nós, também, ao estudarmos Psicologia da Educação, necessitamos saber do que se trata, na perspectiva da área de conhecimento, seu papel e função no currículo da licenciatura: o que incluir no programa, que estratégias pedagógicas adotar, o que é relevante considerar na avaliação, assim por diante.

Em geral, ao começar a lecionar, nossa tendência é reproduzir os programas e a metodologia com as quais aprendemos as disciplinas do curso de nossa graduação e, às vezes, da pós-graduação.

As disciplinas continuam estanques, com uma grave separação entre aquelas agrupadas nas chamadas de Fundamentos da Educação (Filosofia, Psicologia, Sociologia, História, Política da Educação, etc.) e as destinadas a orientar o futuro saber fazer (Didática, Avaliação e Prática de Ensino).

Como as disciplinas são apresentadas de forma desarticulada, não somos capazes de analisar os pressupostos epistemológicos e ideológicos de cada autor/teoria e se faz diferença ou não utilizá-los para um determinado modelo pedagógico que queremos adotar ou que as secretarias ou a orientação pedagógica querem que a escola adote.

Estou convencida que essa falta de embasamento mais consistente, do ponto de vista teórico, da Psicologia da Educação está na origem do surgimento de tantos *modismos* aceitos de forma acrítica, ao longo do tempo. Como nós, professores, atuamos permanecendo décadas na profissão, muitas vezes, como não tivemos uma boa base em nossa formação, não chegamos a perceber diferenças antagônicas entre as correntes dentro das propostas pedagógicas, os famosos *pacotes* das secretarias.

Também, a falta de embasamento pode estar na origem da *convivência resignada* com as dificuldades de aprendizagem dos alunos, como as amostras do SAEB revelam.

Sabemos tudo que é *sempre difícil* para todas as turmas que lecionamos, ao longo dos anos, mas nem sempre sabemos porque isso ocorre.

Estas considerações justificam a inclusão no livro das referências de natureza epistemológica, que antecederam o surgimento da Psicologia, como campo de conhecimento desligado (aparentemente) da Filosofia. Não de forma exaustiva, é evidente, mas com o objetivo de chamar a atenção do iniciante na disciplina e mesmo daqueles que já tiveram oportunidade de conhecer alguns autores e/ou propostas pedagógicas neles embasados, pois a Psicologia, como outras áreas de conhecimento, não é coerente internamente, nem quando trata um mesmo conceito como aprendizagem, nem entre conceitos como aprendizagem e motivação, inteligência e emoção, etc.

Cabe também fazer menção ao fato de que a Psicologia, quando surge como ciência que se desliga da Filosofia, porque almeja basear-se em procedimento de investigação empírica e/ou experimental e não apenas em reflexões filosóficas, dispõe apenas de modelos e concepções de ciências já existentes, tais como a Fisiologia, a Biologia, a Física, a serem adotados ou adaptados.

A conseqüência da apropriação desses modelos precisa ser, mesmo que resumidamente, mencionada, pois seus reflexos foram marcantes para o desenvolvimento das correntes que se firmaram ou foram abandonadas ao longo do século XX.

Como sabemos, nenhum modelo de ciência é neutro, principalmente quando o conhecimento produzido visa a aplicação em práticas sociais, como a educação.

Foi essa a razão que norteou a inclusão de breves relatos históricos sobre a criação dos primeiros laboratórios experimentais de Psicologia, a presença de profissionais como médicos que se constituíram em psicólogos de primeira hora.

Também seria uma lacuna grave não mencionar a Psicometria e suas características, já que os testes para medir inteligência, percepção, habilidade verbal, etc., são até hoje adotados, mesmo com as críticas bastante severas que vêm sofrendo, principalmente pela sua visão de ciência e implicações ideológicas de seletividade e discriminação.

Se o começo foi passível de muita *desilusão e frustração*, já no início do século XX surgem teóricos ainda de outras áreas, como Piaget, que era biólogo; Vygotsky, médico e filólogo; Wallon, médico; Freud, médico; Lorenz, etólogo. Vale lembrar que os etólogos provocaram mudança substancial nos métodos de investigação ao insistirem que primeiro se deveria observar e descrever, antes de experimentar.

E em razão da importância desses pesquisadores e formuladores de teorias revolucionárias para o campo da Psicologia, como o cognitivismo e a psicanálise, optamos por dedicar-lhes um espaço maior, neste livro, inclusive com a introdução de textos de autoria de Freud e Piaget, motivando quem sabe a *consulta às fontes*.

No início do século XXI, após a ênfase no estudo das neurociências (década de 90 do século XX), não podemos continuar a pensar a Psicologia da Educação desconhecendo que, cada vez mais, se torna possível construir seu objeto de estudo de forma mais completa, superando reducionismos inaceitáveis na explicação dos fenômenos educativos e principalmente nas formas de intervenção pedagógica.

Por outro lado, tradicionalmente, a Psicologia da Educação tratava de um aluno criança ou adolescente, deixando de estudar o adulto. Ora, os jovens e adultos são parte integrante da relação pedagógica, seja na educação formal, seja na não-formal e informal, como professor ou como aluno. O próprio aluno da licenciatura pode ser um jovem ou adulto que, além de estudar, trabalha.

Em cada momento histórico, o professor e o aluno lidam com problemas/desafios diferenciados. Hoje, podemos citar questões de autoconceito, valorização profissional, perspectivas profissionais, fracasso escolar no caso de adultos de baixa escolaridade, violência nas escolas ou responsabilidades da escola para além do tempo disponível no contato professor-aluno ou para as quais o professor não recebeu formação profissional (gravidez precoce, famílias com problemas graves, etc.).

Esse novo quadro da educação, no qual a baixa qualidade de ensino vem gerando frustração e desânimo, necessita de uma reflexão de natureza psicológica articulada às condições de trabalho e/ou estudo dos atores sociais envolvidos.

Há mais de cinqüenta anos conhecemos a correlação positiva entre desempenho escolar e nível socioeconômico dos alunos e suas famílias.

Algumas tentativas de intervenção educacional foram feitas e obtiveram sucesso, outras fracassaram.

O que nos interessa, na verdade, é poder discutir a Psicologia da Educação a partir dos problemas existentes, pesquisados e repesquisados, e não fazer mais um livro sobre as teorias e suas aplicações em uma prática hipotética que sabemos ser insatisfatória e distante da formação dos docentes.

1 A importância da dimensão histórica: considerações gerais sobre a disciplina

1.1 - Antecedentes epistemológicos e ideológicos

A Psicologia da Educação como área de conhecimento e/ou disciplina que integra, há décadas, a formação dos profissionais da Educação apresenta algumas marcas importantes que precisam ser conhecidas, para que o leitor/profissional possa situar-se entre posturas muitas vezes contraditórias, antagônicas ou complementares.

Como campo de conhecimento relativamente recente (menos de dois séculos), a Psicologia surge, no entanto, não de forma abrupta, nem descontextualizada de outros fenômenos históricos culturais, científicos e econômicos.

Tendo como objeto de investigação o ser humano, é evidente que a Filosofia, a Religião, a Ciência Política, o Direito, as Artes sempre construíram visões do homem, da mulher, da criança, do adolescente e do idoso que variaram no tempo e no espaço e que antecederam a Psicologia, deixando marcas filosóficas e ideológicas.

Do ponto de vista da Filosofia, a questão do conhecimento remonta à Grécia Antiga. Os dois modelos tradicionais que até hoje estão nas raízes de pressupostos epistemológicos têm em Platão (428 - 348 A.C.) e Aristóteles (348 - 322 A.C.) suas fontes históricas principais.

De um lado, o inatismo a partir das idéias inatas de Platão, que concebia o conhecimento como *reconhecimento* que o *sujeito* - pólo predominante da relação sujeito-objeto do conhecimento - fazia ao entrar em contato com as coisas no mundo material.

> Perfeitas e imutáveis, as idéias constituiriam os modelos ou paradigmas dos quais as coisas materiais seriam apenas cópias imperfeitas e transitórias, seriam, pois, tipos idéias, a transcender o plano mutável dos objetos físicos. (PESSANHA, 1979, p.XVIII)

Para Platão, o conhecimento sensível é possível porque, antes do nascimento, a alma humana teria contemplado as idéias eternas, tornando-as inatas. Conhecer as idéias de bem, mal, quadrado, triângulo no mundo sensível, etc., era lembrar, reconhecer[1].

A existência de um plano superior da realidade é, assim, um pressuposto necessário para a explicação de como o conhecimento e/ou a compreensão dos fenômenos ocorrem em diferentes níveis e graus entre os homens. Para Platão, os objetos da verdadeira ciência são os modelos ideais, e nem todos os homens têm o mesmo acesso a eles.

Já Aristóteles, como afirma Pessanha,

> rejeita a transcendência dos arquétipos platônicos, considerando-os uma desnecessária duplicação da realidade sensível. Para ele, a única realidade é essa constituída por seres singulares, concretos, mutáveis. A partir desta realidade - isto é, a partir do conhecimento empírico - é que a ciência deve tentar estabelecer definições essenciais e atingir o universal, que é o objeto próprio, partir de dados sensíveis que lhe mostram sempre o individual e o concreto, para chegar finalmente a formulações científicas, que são verdadeiramente científicas, na medida em que são necessárias e universais. (PESSANHA, 1978, p.XIX)

Para Aristóteles, tudo que chega ao intelecto passa pelos sentidos. Sem dúvida, seu modelo de teoria do conhecimento é resultado, em grande parte, de seus estudos sobre a natureza, utilizando o espírito de observação, sua preocupação com as classificações, principalmente biológicas.

Passados mais de dois mil anos, o pensamento filosófico, na verdade, desenvolveu-se sempre sob as duas concepções, que se pode considerar as matrizes iniciais que influenciaram as correntes no nascedouro da Psicologia como ciência, na segunda metade do século XIX.

---

1 Para melhor conhecer as bases epistemológicas filiadas ao pensamento de Platão, consultar o volume citado, na bibliografia da coleção Os Pensadores e outros autores.

A passagem não foi direta nem imune à influência de outros filósofos e principalmente do pensamento religioso de Santo Agostinho, no caso de Platão, e São Tomaz de Aquino, em relação a Aristóteles, sem esquecer a mediação dos árabes em plena Idade Média[2].

É imprescindível que se procure articular essa trajetória com os conteúdos de História da Educação e Filosofia, disciplina das licenciaturas.

A corrente inatista, que tem sua origem em Platão (idéias inatas), chega ao século XVII e tem em Descartes (1596-1650) uma de suas contribuições mais marcantes, reforçando as relações entre esta corrente e o racionalismo. A *razão* do sujeito do conhecimento é o determinante no acesso ao conhecimento ao longo de todo processo cognitivo.

Damásio, em seu famoso livro *O Erro de Descartes*, faz a seguinte afirmação que, embora longa, vale a pena citar:

> É esse o erro de Descartes: a separação abissal entre o corpo e a mente, entre a substância corporal, infinitamente divisível, com volume, com dimensões e com um funcionamento mecânico, de um lado, e a substância mental, indivisível, sem volume, sem dimensões e intangível, de outro; a sugestão de que o raciocínio, o juízo moral e o sofrimento adveniente da dor física ou agitação emocional poderiam existir independentemente do corpo. Especificamente: a operação das operações mais refinadas da mente, para um lado, e da estrutura e funcionamento do organismo biológico, para o outro. (DAMÁSIO, 1996, p.280)

Não se pode esquecer que Descartes construiu sua filosofia em uma época em que nada se conhecia sobre o cérebro, ou pior, o que se conhecia estava desvinculado de qualquer investigação científica, sendo fruto de especulações ainda baseadas nos gregos e seus *espíritos*, humores e outras explicações que hoje nos parecem inacreditáveis[3].

Assim, em uma perspectiva histórica, devemos separar a contribuição de Descartes e outros filósofos para a Matemática e outras

---

2 Após a queda de Roma, em 476, a Igreja perdeu contato com suas raízes gregas. Somente no século XII, os eruditos europeus redescobriram a filosofia grega, graças à convivência com os árabes. A Europa levou bastante tempo para se familiarizar novamente com Aristóteles e Galeno. Os poucos fragmentos sobreviventes de seus escritos haviam sido traduzidos para o árabe, e as traduções árabes foram, por sua vez, traduzidas para o latim, ficando crivadas de erros de interpretações nesse processo. Ver Zimmer (2004, p.33).

3 Este tema será aprofundado no capítulo 4 deste livro.

áreas de conhecimento daquelas *explicações* sobre o funcionamento do cérebro, etc.

Se podemos colocar, em termos epistemológicos, Descartes como filiado à corrente iniciada por Platão, Locke (1632-1704) continuaria a trilha aberta por Aristóteles, já que estabeleceu a existência de graus de conhecimento desde as sensações até às idéias abstratas, próprias do pensamento.

> Platão e Descartes afastam a experiência sensível ou o conhecimento sensível do conhecimento verdadeiro, que é puramente intelectual. Aristóteles e Locke consideram que o conhecimento se realiza por graus contínuos, portanto da sensação até chegar às idéias.
> Essas diferenças de perspectivas estabelecem as duas grandes orientações da teoria do conhecimento, conhecidas como *racionalismo* e *empirismo*. (CHAUÍ, 1994, p.117 - grifos da autora)

Zimmer, em seu interessante livro *A fantástica história do cérebro*, nos oferece relatos históricos de como o cérebro passou a ser objeto de pesquisa por parte dos *sábios* de Oxford no século XVII, na Inglaterra. Aborda as questões sempre em uma perspectiva histórica, política, científica e as implicações para a Medicina e para a explicação das ações humanas, individuais e coletivas.

Ao enfocar Locke, Zimmer afirma que este pretendia, empregando o método histórico simples, falar das idéias em si, apoiado nas experiências cotidianas.

Para o filósofo, o funcionamento da mente era incompreensível. Pretendia apenas dissecar a forma como os seres humanos adquiriam conhecimento.

> Locke defendia que a mente nasce vazia. Consideremos, assim, que a mente seja digamos um papel em branco, despida de quaisquer caracteres, sem quaisquer idéias. Locke faz comparação da mente com um armário vazio: através dos sentidos, as idéias penetram na mente e a abastecem... Quanto maior a freqüência com que esbarrássemos em uma idéia, mais forte a impressão que ela gravaria em nossa mente.

> As idéias de um triângulo, a idéia de justiça ou a de Deus nos pareciam inatas porque sua verdade fora gravada inúmeras vezes em nossa mente, desde uma época anterior à nossa lembrança. (ZIMMER, 2004, p.281)

Outras expressões equivalentes empregadas pelos defensores são: antes da experiência, nossa razão é uma *folha em branco*, uma *tábula rasa* onde nada foi gravado, uma *cera sem forma*.

Segundo CHAUÍ (1994, p.72), "As idéias, trazidas pela experiência, isto é, pela sensação, pela percepção e pelo hábito são levadas à memória e, de lá, a razão as apanha para formar os pensamentos."

Se analisarmos certas expressões e certas práticas escolares, ainda hoje, encontraremos a presença do inatismo e do empirismo, na maioria das vezes, acrítica.

Os termos *aptidão*, o imaturo que precisa *amadurecer* para aprender (enquanto não se faz quase nada com ele, pedagogicamente, ou fica recortando papel no fundo da sala, no início da escolarização), são indicadores de posições inatistas. O desenvolvimento motor, cognitivo, afetivo e social são resultados *apenas* da maturação biológica.

Já a repetição sem sentido, o decorar sem entender, o fazer sem saber por que e para que, são manifestações de práticas pedagógicas que acreditam que o conhecimento é cópia do real e que o simples contato com a informação a transforma em conhecimento. A criação de hábitos, a ênfase nas imagens sem *leitura* das mesmas é própria da vertente empirista.

Outro aspecto importante de ser incorporado às considerações sobre a Psicologia, e conseqüentemente com reflexos sobre a Psicologia da Educação, refere-se ao fato de que, ao se pretenderem *cientistas*, os primeiros psicólogos trouxeram influências de suas áreas de atuação anteriores, estas sim com tradição em pesquisa experimental.

Assim, Wundt (1832-1936), na Alemanha, em 1879, cria o primeiro Laboratório de Psicologia Experimental, pesquisando sensações auditivas e visuais, a psicofísica, tempos de reação de pessoas, etc.

Pavlov (1849-1936) pesquisava, na Rússia, secreções gástricas em cães, chegando à teoria do reflexo condicionado.

Estes dois exemplos[4] já são suficientes aqui para ilustrar a influência da Fisiologia nos primeiros estudos de Psicologia e os riscos da transposição dos resultados de experimentos com animais para os seres humanos. Vale lembrar que Skinner realizou suas experiências sobre condicionamento operante predominantemente com ratos e pombos, e mesmo assim teve enorme influência na Educação por meio do que se denominou Tecnologia Educacional.

O modelo de ciência adotado era transposto das ciências *exatas* para o comportamento e processos mentais (aprendizagem) de seres humanos, embora estes fossem considerados não acessíveis aos instrumentos e métodos de pesquisa adotados. É fácil deduzir que as dimensões socioculturais e econômicas ficavam excluídas, bem como as articulações dessas reações ao comportamento complexo dos sujeitos pesquisados, quando se tratava de seres humanos.

Vale ressaltar que, para Skinner, o organismo, ou seja, aquele indivíduo pesquisado, não era acessível à pesquisa. Tratava-se da famosa *caixa preta*, valendo apenas o que era observado, medido e quantificado.

Sobre as tentativas de estabelecer as bases experimentais de Psicologia no Brasil, Penna, após um breve histórico das iniciativas de fundação do *Pedagogium*, na Capital da República, relembra:

> No *Pedagogium* instalou-se, em 1906, consoante afirma Plínio Olinto, um laboratório de psicologia experimental - provavelmente o primeiro em todo o país - dele se encarregando Manoel Bonfim. Em seu livro *Pensar e dizer*, Manoel Bonfim a ele se refere escrevendo: 'Durante 12 anos tive à minha disposição um laboratório de psicologia; nas pastas, ainda estão acumuladas anotações, traçados, fileiras de cifras... e nunca tive coragem para organizar uma parte qualquer desses dados e de os publicar, porque nunca obtive uma elucidação satisfatória. Afigurava-se um problema aparentemente simples: efeitos de sugestão sobre o esforço muscular; realizava uma série de experimentações e deles resultavam, ao lado de escassas indicações positivas, novos aspectos de pesquisas, isto é, novos problemas.' (PENNA, 1989, p.8)

4 Ver glossário e capítulos seguintes.

Ainda segundo Penna, normalistas formadas e estudantes freqüentavam a instituição assiduamente.

Extinto em 1919, o *Pedagogium* como instituição foi substituído pelo INEP, criado em 30 de julho de 1938, em moldes e propósitos totalmente diferentes.

Patto, no livro *Psicologia e ideologia*, fornece informações sobre os inícios de tentativas em São Paulo a respeito do interesse de tornar a Psicologia mais científica e mais dedicada à Educação.

A autora menciona:

> a instalação e funcionamento do Laboratório de Psicologia Pedagógica, em 1914, junto à Escola Normal Secundária de São Paulo; a criação, em 1938, da Clínica de Orientação Infantil junto à Seção de Higiene Mental do Antigo Serviço de Saúde Escolar; e o surgimento do Setor de Psicologia Clássica da Seção Técnico-Educacional do Departamento de Educação, Assistência e Recreio da Secretaria de Educação da Prefeitura Municipal de São Paulo, em 1954. (PATTO, 1987, p.8)

Da leitura da citação se percebe um outro aspecto relevante em termos de marcas iniciais da disciplina, isto é, a presença da Medicina e da Puericultura.

Ainda de acordo com Penna, das quatro principais e significativas figuras que, atuando na área da Educação, contribuíram para o desenvolvimento da Psicologia Científica, no Rio de Janeiro, três foram médicos e um advogado.

O primeiro educador citado por Penna, Manoel Bonfim, esteve em Paris em busca de aprimoramento nas técnicas da Psicologia Experimental (1902). Manteve contato com as maiores autoridades da área, mas desde essa época, início do século XX, já havia "descrença e desilusão nos laboratórios".

Para Bonfim,

> A dinâmica do pensamento humano não poderia conter-se na estreiteza do laboratório; deforma-se, anula-se... no homem, a atividade psíquica - a vida do espírito - é uma atividade formalmente socializada. Nem mesmo podemos abstrair o espírito do viver social.
> (BONFIM apud PENNA, 1989, p.16-17)

Cabe ressaltar que após vinte anos da Psicologia Experimental já se faziam sentir vozes críticas sobre o método em relação ao seu objeto de investigação, isto é, os seres humanos.

O segundo educador, Maurício Campos Medeiros (1885-1966), foi também psiquiatra e psicólogo. Esteve, também, na França, adquirindo conhecimentos de Psicologia em aula na Sorbonne. Criou um segundo laboratório de Psicologia Experimental no Brasil no Hospital Nacional de Alienados.

Ao longo da vida pesquisou aspectos amplamente diversificados junto a pessoas consideradas normais ou doentes. Teve contato com a Psicanálise. Tratou da Psicologia Infantil, do pensamento mágico, desajustamentos infantis e de problemas psicopatológicos. Foi docente na Faculdade de Medicina e na Escola Normal.

Plínio Olinto (1886-1956), já citado, foi médico e historiador de Psicologia no Brasil. Em seus trabalhos escritos relata estudos com doentes assistidos em clínica neuropsiquiátrica, faz referência ao Seminário Brasileiro de Psicologia, que durante quase dez anos reuniu psicólogos que desejavam aprofundar seus estudos.

Sua tese, quando se doutorou, foi sobre a "Contribuição ao estudo da associação das idéias". Em 1918, publica "Notas de Pedagogia e de Psicologia Normal e Patologia", onde afirma que é cada vez maior a dependência mútua que se estabelece entre médicos e professores quando há interesse sobre a Psicologia.

Interessou-se, também, pela Psicologia do Trabalho e Higiene Mental. Foi chefe da cadeira de Psicologia no Instituto de Educação e foi professor na Faculdade de Medicina.

O quarto educador a que Penna se refere é Lourenço Filho (1897-1970), figura necessariamente presente na história da Educação Brasileira.

Sob o ângulo que nos interessa nesta breve síntese histórica da Psicologia da Educação, Lourenço Filho apresenta uma trajetória diferente, pois iniciou sua formação como professor primário. Foi jornalista, estudou Medicina, visando formar-se em Psiquiatria, mas abandonou o curso, graduando-se, finalmente, em Direito.

Um dado importante para sua formação como psicólogo e educador foi o fato de ter tido acesso à extensa bibliografia de origem norte-americana na escola Americana, quando conheceu o pensamento de Dewey e outros autores.

Exerceu cargos de direção de ensino no Ceará e em São Paulo e foi o primeiro diretor do Instituto de Educação, no Rio de Janeiro (1932).

Segundo Penna, coube a Lourenço Filho presidir a comissão que implantou o ensino de Psicologia como curso autônomo destinado à formação de psicólogos com áreas específicas de atuação, em 1962 (PENNA, 1989, p.34)[5].

Finalizando estas breves informações, cabe registrar a importância de seu livro *Escola Nova*, que representa um importante embasamento de uma concepção de educação que se contrapõe à educação tradicional.

A Escola Nova tem em comum um pressuposto básico. O pólo dominante da relação pedagógica passa a ser o aluno, e não mais o professor, que sabe transmitir o conteúdo, bem como decidir sobre as regras disciplinares.

Dewey (1859-1952), Montessori (1870-1952) e outros responsáveis por modelos de Escola Nova trazem a necessidade de conhecer o aluno com suas características e necessidades próprias, em cada fase do desenvolvimento, para o centro da discussão pedagógica.

Dentro dessa perspectiva, Lourenço Filho produziu o teste ABC para determinar o nível de maturidade necessário para os alunos iniciarem o processo de alfabetização, escrita e leitura.

O teste ABC foi intensamente adotado em todo ensino primário no país e em vários países latino-americanos.

Publicado em 1933, chegou até a década de 50, quando foi gradativamente abandonado.

Seu grande espectro de interesses levou Lourenço Filho a escrever o livro *Joazeiro do Padre Cícero*, em 1926. Trata-se de um estudo que se tornou um clássico no campo da psicologia social patológica, e, de acordo com Penna, mereceria contínuas reedições pelo seu valor como análise do fenômeno do misticismo mórbido, freqüente em populações de extrema carência.

Estes dados sobre os psicólogos-educadores que atuaram basicamente no Rio de Janeiro demonstraram que a Psicologia foi sendo

5 O curso de Psicologia na PUC-Rio iniciou-se no final da década de 50. A formação universitária é, assim, tardia em nosso país. É de registrar que a disciplina Psicologia da Educação é anterior à formação do psicólogo.

introduzida na formação dos professores fundamentalmente pela vertente médica com preocupações científicas, de acordo com a época, bem como pela interface da puericultura e higiene.

Inexistente até 1900, passa a ser facultativa em 1921. Apenas em 1928 a Psicologia Experimental aplicada à Educação apareceu como a primeira das matérias do ciclo normal, ao lado da Pedagogia, História da Educação, Didática, Sociologia, Higiene e Puericultura. (PENNA, p.10)

Estava delineado o modelo de formação dos professores.

A vertente da Psicologia que talvez seja mais conhecida da população, por estar presente na seleção profissional, orientação vocacional, no exame de motorista, nas escolas, nas clínicas, nas revistas, é a Psicometria.

Os testes, o famoso QI (quoeficiente intelectual), povoam tanto a fala quanto o imaginário de grande parte das pessoas que já foram submetidas à seleção, avaliadas, ou leram sobre elas em periódicos de várias naturezas.

A aplicação de testes para medir características psicológicas como inteligência, aptidões, etc, decorre da aceitação do princípio de mensurabilidade dessas mesmas características.

> De acordo com Pichot, o teste psicológico pode ser definido como uma situação padronizada que serve de estímulo a um comportamento por parte do examinando; esse comportamento é avaliado, por comparação estatística, com o de outros indivíduos submetidos à mesma situação, permitindo assim sua classificação quantitativa e qualitativa. (apud SCHEEFFER, 1968, p.3)

Tais testes surgiram, ainda no século XIX, como conseqüência da necessidade da criação de instrumentos para tornar a Psicologia nascente uma ciência.

Galton (1822-1911) é sempre citado como um dos pioneiros na criação e aplicação de testes psicológicos. Primo de Darwin (1809-1882), Galton estava interessado, enquanto adepto da corrente inatista, em provar que a inteligência dependia de fatores endógenos, familiares. Ao concluir pela genialidade entre parentes inteligentes, ele não esclareceu (e por isso foi criticado), que sua amostra de gênios, em comparação aos demais testados, foi extraída de ambientes extremamente ricos em termos de educação, ambiência e convivência, do ponto de vista cultural e científico.

No século XX, os estudos comparativos foram exaustivamente realizados nos Estados Unidos face à existência de recursos financeiros, grande mobilidade e heterogeneidade da população.

De fato, os estudos sobre a inteligência de brancos e negros e outras minorias étnicas datam do início do século XX e permanecem como uma questão em aberto, dadas as divergências teóricas, metodológicas e ideológicas dos psicólogos norte-americanos. Inatistas e ambientalistas viram nos testes uma oportunidade de *comprovar* a superioridade de uns sobre outros em termos intelectuais, em época de discriminação *racial* e social aceita pela sociedade e pelo Estado.

Na verdade, embora ainda adotados em certas situações e circunstâncias[6], não é mais possível ignorar problemas teóricos e metodológicos que cercam esta área da Psicologia e da Educação.

A dificuldade básica está em delimitar, no processo de desenvolvimento da inteligência, das aptidões, da percepção, os fatores internos do indivíduo e os fatores coletivos ou culturais específicos do ambiente social e cultural onde esse mesmo desenvolvimento se dá.

Entre os fatores socioculturais que interferem no desempenho dos sujeitos testados, contaminando seus resultados, são freqüentemente apontados os relativos a valores.

Nesse sentido, a motivação para a realização do teste; avaliação da intenção simbólica do mesmo e utilização futura; valorização positiva ou não do fator rapidez muito ligado ao tempo urbano e tempo rural; e falta de sentido de competição freqüentemente são citados como condicionantes do desempenho dos sujeitos.

Do ponto de vista psicológico, sendo o indivíduo um conjunto complexo de funções, pode ocorrer que características de personalidade como meticulosidade, insegurança, medo de se expor diante de um examinador desconhecido, etc. afetam emocionalmente o desempenho em um teste de inteligência[7].

6 Na orientação vocacional, por exemplo, além dos testes serem aplicados em mais de um dia, evitando uma única experiência, a realização de entrevistas e reuniões grupais é adotada para complementar os resultados dos testes.

7 No capítulo sobre cognitivismo serão abordados novos modelos de pesquisa, coerentes com o objeto de estudo, seus pressupostos e objetivos.

Cabe, ainda, uma menção a Binet (1857-1911), que na França empregou testes para identificar diferenças relativas à capacidade intelectual de alunos de escolas francesas, encarregado que foi de pesquisar as causas do retardamento (fracasso) escolar de alunos pelo governo daquele país, em 1904.

Em 1908, Binet e Simonn, seu colaborador, publicam uma nova forma aperfeiçoada de seu teste. Terman, um psicólogo americano, introduziu o método de apuração do quoeficiente intelectual.

Como lembra Scheeffer,

> Convém notar que o conceito de quoeficiente intelectual (QI) só foi introduzido em 1912, pelo psicólogo alemão Stern. Podemos definir QI como a representação numérica do nível mental do indivíduo, ou como o quoeficiente entre idade mental (I.M.) e sua idade cronológica ou real (I.C.). Superior a 140, o QI indicaria inteligência genial e inferior a 70, debilidade mental. A inteligência normal ou média ficaria entre os QI 90 a 110. (1968, p.20)

Como se verá mais adiante, novas formas de investigação de funções psicológicas ou desenvolvimento psicológico serão criadas por pesquisadores como Piaget, Vygotsky, Luria, entre outros.

Já em 1982, no livro *A escola em questão: evasão e repetência no Brasil*, as autoras constatam, após analisar a produção científica/acadêmica sobre o tema, que:

> Embora algumas pesquisas tenham aplicado testes psicológicos ou de escolaridade nos alunos, notou-se em geral uma preocupação com variáveis socioeconômicas que pudessem explicar diferenças significativas entre sujeitos de diferentes segmentos sociais. (BRANDÃO et al. 1982, p.67)

Estas considerações foram feitas para que o professor ou futuro professor que estuda Psicologia da Educação, no século XXI, tenha elementos para refletir sobre como foi, aos poucos, se constituindo uma disciplina que integra a sua formação profissional.

Ao longo de mais de um século, as linhas psicofísicas, terapêuticas e psicométricas foram se reproduzindo por meio de valores, representações sociais, preconceitos que, como a realidade indica, quase nada fizeram em favor da qualidade da Educação, em nosso país.

Isto, sem esquecer, que transitamos da influência de modelos europeus para modelos americanos de forma acrítica, tanto nas dimensões científicas e epistemológicas, quanto nas ideológicas. Esta pode ser uma das razões de tantos modismos em nossas academias e secretarias de educação.

1.2 - Marcas de uma trajetória na Licenciatura e na formação de professores

De um modo geral, a Psicologia da Educação é abordada tradicionalmente nos livros, ora pela apresentação das principais teorias existentes no campo da Psicologia, ora pelos temas e/ou objetos de sua investigação que possuem implicações na prática educativa.

No primeiro caso temos Piaget/Epistemologia Genética; Freud/Psicanálise; Skinner/Behaviorismo; Rogers/Psicologia Existencial; Vygotsky/Psicologia Sócio-Histórica, e assim por diante.

No segundo caso, os livros apresentam como conteúdo: desenvolvimento cognitivo, motor e social; motivação, aprendizagem, relações interpessoais, percepção, memória, etc.

Nas últimas décadas, fruto de pesquisas de pós-graduação ou mesmo de investigações institucionais, surgiram obras que enfocam aspectos mais delimitados a determinadas questões, tais como: a *criança carente*, dificuldades de aprendizagem em leitura ou matemática; conflitos em sala de aula; sugestões a partir de experiências no ensino das ciências. São trabalhos, em geral, baseados em teoria(s) que, quando bem elaborados, aproximam teoria e dados empíricos ou teoria e prática docente/gestão escolar.

Professores e alunos que recorrem a essas publicações quando lecionam ou estudam Psicologia da Educação adquirem informações relevantes e subsídios para planejar e realizar suas ações educativas.

No entanto, se observarmos dados sobre a qualidade de ensino em nosso país, seja pelos resultados de avaliações externas como o SAEB ou pesquisas da UNESCO, bem como resultados do ENEM e/ou vestibulares, podemos, sem dúvidas, levantar a hipótese de que existe uma longa distância entre o conhecimento já existente no campo das áreas de fundamentação científica da educação e o que ocorre nas redes de ensino.

O que estará ocorrendo nas agências de formação de professores, bem como nas instâncias encarregadas da formação continuada de professores? Qual será a parcela de responsabilidade dessas instituições no problema da baixa qualidade de ensino?

É evidente que localizamos a questão relativa à formação dos profissionais da Educação no conjunto complexo de mecanismos e opções políticas que sempre caracterizam o descaso com a educação no Brasil.

A tradicional falta de prioridade, na prática, se concretiza não só na falta de recursos, mas também como estes são gastos. Os critérios políticos partidários na escolha dos gestores da Educação, do ministro ao diretor da escola, passando pelos órgãos intermediários, sempre privilegiaram interesses pessoais (próximas às eleições, pagar favores eleitorais, controlar áreas de interesse partidário, etc.), que precisam ser investigados para além das denúncias na mídia.

Não se pode deixar de mencionar também as condições nas quais os alunos freqüentam a escola, muitas vezes cansados pelo tempo no transporte escolar (estradas péssimas/ônibus velhos), interrupções para trabalhar, falta de local e ajuda em casa para estudar, entre outros fatores.

Embora o quadro geral da escolarização de crianças, adolescentes, jovens e adultos seja muito precário, como condição para o processo ensino-aprendizagem, ou seja, a sala de aula, é preciso não esquecer ou insistir que os fatores não são só socioeconômicos, culturais e políticos.

É no bojo desse problema complexo e duradouro que devemos repensar a formação dos docentes e, dentro dela ou como parte dela, a contribuição da Psicologia da Educação. Por que os avanços alcançados pela academia neste campo não chegam a mudar as práticas de sala de aula?

Sem estabelecer ordem de importância nem níveis de generalização para um país tão diversificado quanto ao Brasil, pode-se enumerar alguns problemas já identificados: as contribuições teóricas ou mesmo resultantes de pesquisas empíricas são incorporadas na formação dos educadores (programas da disciplina) de forma livresca e não-teórica ou *anedótica*, em geral, descolados da prática educativa como um todo; os conceitos teóricos (estágios de desenvolvimento, relação entre pensamento e linguagem, motivação, etc.) são ensinados de forma estanque, como se não se tratasse de um mesmo indivíduo inserido em um contexto sociocultural. Na prática, são fenômenos, processos psicológicos que ocorrem em situações bastante complexas da relação pedagógica familiar, escolar, profissional, que deveriam ser abordados de forma multidisciplinar.

Esta constatação pode ser feita, por exemplo, quando os alunos de Psicologia da Educação e professor assistem a um filme, documentários, comentam novelas ou informações veiculadas pela mídia. Nota-se uma grande dificuldade em estabelecer relações entre fatos, reações presentes nos personagens envolvidos e os conceitos e teorias estudados. Perde-se uma ocasião valiosa para melhor compreender, em situações da vida cotidiana ou experimental, os conteúdos de disciplina de forma contextualizada e em situações de relações pessoais, grupais ou institucionais.

- uma grande distância ou mesmo antagonismo entre a *teoria* que está sendo ensinada e a prática docente e discente em sala de aula.

Sem vivenciar no seu processo de construção de conhecimento um método baseado em uma teoria, apenas uma pequena parte dos alunos a compreende e torna-se apta a comparar diferentes teorias em suas bases epistemológicas e pedagógicas. Como exemplo, podemos citar: reflexo condicionado, condicionamento operante, solução de problema, inferências, deduções, operações concretas e formais, etc.

- ouvir o professor discorrer ou ler um texto sobre construtivismo pode *informar* os alunos, mas não os prepara para optar por este modelo teórico ou mesmo compreendê-lo.
- um obstáculo bastante conhecido resulta da precária triangulação entre o professor, a forma como leciona - a natureza da disciplina do ponto de vista de seu conteúdo - e os conceitos preexistentes nos alunos, suas representações sociais e informações culturais.

Se existem preconceitos, dificuldade de construção de significados e revisão de sentido (Vygotsky e Luria)[8], podem ocorrer situações que impeçam as aprendizagens significativas.

8 Ao tratarmos da Psicologia Sócio-Histórica voltaremos aos conceitos de significado e sentido para os autores citados.

A *Psicologia*, de certa forma já entrou, de maneira substancial nas representações sociais de grandes parcelas da população. Termos como psicose, fobia, complexo, retardo mental, maturidade, carência entre outros, são freqüentemente utilizados em conversas e *diagnósticos* improvisados.

Se não houver possibilidade de revê-los com rigor conceitual e localizá-los em diferentes autores da Psicologia sistematizada, os conteúdos serão incorporados de forma "contaminada" pelos conhecimentos preexistentes.

É possível, inclusive, a ocorrência de dificuldade de compreensão do que seja Psicologia da Educação no curso de formação de professores. De início, os alunos podem se sentir mobilizados pelo conteúdo e tentam transformar as aulas em *consultórios sentimentais*.

- nas Licenciaturas, as ciências ficam com o conteúdo - Física, Matemática, Letras, Biologia, etc. - e a Filosofia e as Ciências Humanas Aplicadas ficam com a tarefa de pensar o pedagógico.

O futuro professor não constrói seu conhecimento relacionando forma e conteúdo, e as disciplinas da Licenciatura se transformam em um apêndice justaposto ao seu curso de formação profissional[9].

Se estamos tratando da trajetória de uma disciplina, não podemos deixar de refletir sobre sua importância e/ou valorização entre aqueles que atuam na área onde está inserida; no caso, a Educação.

De um longo passado em que a criança era considerada um adulto em miniatura, que, a partir dos sete anos, atingia a idade da razão e podia ingressar na escola e fazer 1ª comunhão, até o reconhecimento da importância de conhecer as suas formas de sentir e pensar, a Psicologia surge como a ciência que iria fundamentar as práticas pedagógicas no século XX.

Já vimos que sua trajetória não foi tranqüila, com muitas controvérsias teóricas e práticas em seu próprio campo. Sua hegemonia sofreria fortes abalos face à crescente pressão social e política resultante dos

9 O capítulo 6, deste livro, visa fornecer exemplos de como essa distorção na formação do professor pode ser superada com exemplos de várias disciplinas.

problemas recorrentes de evasão e repetência que, ainda mal pesquisados em suas causas intra e extra-escolares, não conseguem ser superados em grande parte dos países que criaram seus sistemas educacionais em âmbito nacional.

Trata-se de um fenômeno de larga escala que atinge não apenas a educação básica, como os níveis subseqüentes, em grande parte dos países que criaram seus sistemas educacionais em âmbito nacional.

Nos Estados Unidos, são realizados os grandes *surveys* e estudos comparativos, dentre os quais os mais importantes são os de Coleman (1966), Jencks (1972), Schiefelbein e Simmons (1975)[10]. Estes estudos são pioneiros e antecedem os Sistemas de Avaliação Nacional e Internacionais.

Da Europa e dos Estados Unidos surgem e são rapidamente difundidas teorias filosóficas, sociológicas e econômicas que passam a atribuir à escola e à universidade o papel de reprodutoras das estruturas socioeconômicas vigentes na sociedade excludente.

A escola, tal como está organizada e funcionando, seria uma mediadora para a manutenção dos diferentes segmentos da sociedade em suas posições anteriores.

É a época em que a academia debate e realiza pesquisas orientadas por teorias críticas de Bourdieu, Althusser, Establet e Passeron, Bowles Gintes, Gramsci[11].

Livros como *Reprodução*, de Bourdieu e Passeron (1974); *Ideologia e aparelhos ideológicos de Estado*, de Althusser (1974); e *A escola capitalista na França*, de Baudelot e Establet (1971), são lidos e discutidos na pós-graduação com reflexos na graduação.

O fracasso escolar de crianças e adolescentes das camadas mais pobres da população é também objeto de análise na perspectiva das sociolingüísticas que elaboram teorias da carência, da diferença, do código restritivo e código elaborado, etc. (SOARES, 1989)

Importa-se, principalmente dos Estados Unidos, a ideologia da deficiência cultural que, de acordo com Soares:

---

10 Ver a respeito: Brandão et al. (1982); Baeta (2002).

11 A referência a esse momento de inflexão na hegemonia do pensamento sobre a Educação é importantíssima, porque representa, principalmente na academia, uma perda de prestígio, tanto da Psicologia da Educação, quanto da Didática e Métodos e Técnicas de Avaliação, ou seja, das disciplinas *encarregadas* do saber fazer do professor.

> veio apresentar uma confortável resposta a essa ameaça (ao ideário liberal de igualdade de oportunidades a todos); ocultando a verdadeira causa da discriminação - a desigual distribuição da riqueza numa sociedade capitalista - atribuir a deficiências culturais e lingüísticas da criança das camadas populares o seu fracasso na escola. As falhas são, assim, da criança, de sua família, de seu contexto cultural; a inadequadação está *na criança*, não na sociedade nem na escola. (SOARES, 2002, p.31)

Brandão e outros (1984), ao tratar dos efeitos dos mecanismos de exclusão e seleção, principalmente nos primeiros anos da escolarização, mencionam as diferenças qualitativas entre as escolas oferecidas às crianças de diferentes camadas da população.

Os efeitos surgem na defasagem série-idade, na falta de perspectivas de sucesso por parte dos pais, no sentimento de inadequação e, por fim, na evasão após sucessivas tentativas de pelo menos concluir o então primeiro grau ou pelo menos serem alfabetizados.

> Fica, assim, evidenciado que, se existem fatores pedagógicos inadequados, estes estão incidindo sobre determinadas camadas sociais e estão determinando o tipo de mediação que a escola está realizando entre os indivíduos e seu destino social. (idem, 1986, p.80)

As críticas à Psicologia foram radicais, e ela freqüentemente foi apontada como a encarregada de fornecer os *meios seguros* de garantir a discriminação dos alunos pobres, promovendo o fracasso escolar.

Um exemplo nos ajudará a constatar o nível das críticas feitas a essa disciplina ou ao papel da psicologia escolar:

> Nascida e crescida sob a égide oficial de uma ideologia determinista e antidialética, a psicologia escolar marcou passo anos a fio, repetindo, talvez sem o saber, os chavões da ideologia burguesa ocidental durante toda a metade do século XX. A sovada noção de QI (Quociente de Inteligência) triunfou na academia e daí passou a lugar-comum nas revistas do grande público e em todas as instâncias de comunicação em que a cultura é diluída e manipulada para o uso dos incautos. Racistas e elitistas de vários naipes ou simples aplicadores mecânicos do famigerado teste lançaram mão dessa e de outras tabelas.

> E lá foram inferir a baixa cota de talento que o destino cego teria reservado a negros e a índios, a mestiços e a migrantes, a lavradores e a subproletários do campo e da cidade.
> A psicologia da aprendizagem ganhava um pseudo-rigor, cujo significado real era perder em acuidade antropológica para avaliar diferenças sociais e culturais efetivas. (BOSI, 1987, p. XII)

Se os que denunciavam o papel dos sistemas de ensino na produção do fracasso inerente ao modelo econômico e social das sociedades excludentes cumpriam a tarefa de desmascarar álibis antigos, outros buscavam o equacionamento para superar os problemas recorrentes.

A qualidade de ensino se torna, a partir das décadas de 50 e 60 do século XX, uma preocupação presente em vários países.

Em seguida, listaremos alguns movimentos/iniciativas marcantes, que foram introduzidos, em graus diferenciados, nas agências de formação de docentes, e em algumas secretarias de educação e no Ministério de Educação.

- O livro *Processo educativo*, de Jerome Bruner, de 1972, provoca grande impacto quando, numa perspectiva de articular conhecimento científico de diferentes áreas com uma teoria cognitivista de aprendizagem, visa melhorar ou mesmo transformar o ensino nos Estados Unidos. O motivo era político, fruto da Guerra Fria e da competição espacial, mas assumiu características predominantemente pedagógicas[12].
- Surgem nos Estados Unidos propostas educacionais chamadas, em geral, de Educação Compensatória. Englobam um grande leque de modelos teóricos e práticos para superar o fracasso escolar de crianças negras e hispânicas. Mas após uma fase de entusiasmo, os resultados esperados não se confirmam. Suas marcas mais fortes foram deixar um novo ideário sobre privação cultural, carência de todas as ordens, marginalidade cultural, etc.

12 Em 1957 a então União Soviética lança o Sputnik no espaço, causando uma grande comoção nos Estados Unidos. Seu sistema de ensino é severamente criticado e o behaviorismo considerado incapaz de embasar a formação de cientistas.

- No Brasil, a Educação Compensatória foi muito discutida, criticada, mas não chegou a mudar as práticas. Ficou mais no ideário do que na sala de aula. Na verdade, reforçou, com novos termos pseudocientíficos, preconceitos já existentes.
- A Tecnologia Educacional, baseada nos pressupostos do behaviorismo, principalmente de Skinner, provoca uma revolução baseada no princípio de objetividade e neutralidade científicas. É a ênfase nos objetivos operacionais, nas instruções programadas, nas máquinas de ensinar (pouco difundidas no Brasil) e nas provas de múltipla escolha, etc. Foi grande a sua influência na avaliação, inclusive nos vestibulares e no ensino de línguas estrangeiras.
- Outros educadores buscam soluções em fundamentos de natureza oposta, a chamada terceira força em Psicologia. Sua figura mais conhecida, no Brasil, foi Carl Rogers (1902-1987). A Psicologia Humanista dá ênfase à consciência, acredita que a pessoa pode se estruturar de forma plena e integrada. Sua confiança baseada na visão bastante otimista da natureza humana transfere para a Educação seus princípios filosóficos e psicológicos advindos de sua experiência como psicoterapeuta. A proposta de Rogers é a educação centrada na pessoa, onde os próprios alunos têm autonomia para optar pelo que querem estudar, e o professor passa a ser um facilitador da aprendizagem.
- Iniciativas de preparação de professores para alfabetização têm-se constituído em trabalho mais consistente, inclusive por estarem embasadas em propostas teórico-metodológicas mais aceitas, como as que têm em Emília Ferreiro e Vygotsky seus referenciais mais difundidos e operacionalizados. Seu alcance não é, no entanto, tão amplo como se poderia esperar, pois requer embasamento e experiência nem sempre fácil para a maioria das escolas no país.
- O ensino de ciências provocou críticas em vários países, inclusive no Brasil. Muitos especialistas em Física, Biologia, Matemática, etc. criam grupos para reformular o ensino desde os primeiros anos de escolarização. Piaget é, em geral, o teórico escolhido para fundamentar as novas propostas de ensino. Entre as iniciativas mais citadas pode-se lembrar os Centros de Ciências, que, criados há aproximadamente trinta anos, tiveram, no entanto, suas atividades reduzidas por falta de recursos e de renovação dos quadros

científico-pedagógicos. São exceções os CECISP, em São Paulo; o CECIMIG, em Minas Gerais; e o CECIRS no Rio Grande do Sul. (MENEZES, 1996, p.53)

2
Cognitivismo: construtivismo e outros enfoques

De uma forma bem simples, podemos dizer que o cognitivismo surge quando pesquisadores insatisfeitos com os modelos teóricos existentes procuram saber o que se passa, no sujeito, entre o estímulo e a resposta[1].

Necessariamente precisam adotar novas concepções de ciência para a Psicologia, criar novos métodos de investigação e novas estratégias de análise dos resultados obtidos, de maneira científica.

Há acordo entre autores de que não existe um cognitivismo, mas sim variações de cognitivismo.

De acordo com Gregoire (2000, p.18), existem pelo menos três postulados aceitos pelos cognitivistas.

> A afirmação de que os processos mentais existem e podem ser estudados com rigor constitui o primeiro postulado sobre o qual concordam os pesquisadores adeptos da corrente cognitivista. Um segundo postulado define que o ser humano processa de maneira ativa a informação recebida: seleciona, relaciona, calcula. Por fim, um terceiro postulado aceito pelos cognitivistas é a possibilidade de avaliar esse processamento

---

1 Não confundir os cognitivistas com uma corrente dentro do behaviorismo, que não aceita a forma S – R, mas propõe o modelo S – O – R. Apesar de considerar a mediação do organismo, este é visto sempre como um organismo condicionado anteriormente, o que explicaria diferenças nas respostas. Para esta corrente, o ambientalismo continua explicando o comportamento dos indivíduos, humanos ou não.

com base no tempo de resposta e na precisão da mesma. Com efeito, os processamentos mentais requerem tempo.

2.1 - Questões metodológicas e o que elas apontam

Além destes pressupostos comuns às teorias cognitivistas, pode-se incluir outras características que, apesar das diferenças internas, permitem agrupá-las em um conjunto que as diferencia das teorias comportamentais ou behavioristas.

As teorias cognitivistas abrangem fenômenos e processos bastante amplos, incluindo necessariamente aquisições, aprendizagens complexas, como conceitos, princípios, solução de problemas, além das aprendizagens e processos simples como atos mecânicos, ensaio e erro, etc.

Os psicólogos cognitivistas pesquisam tanto dados comportamentais quanto aspectos subjetivos. Esta segunda característica decorre da aceitação da primeira, pois a formação de conceitos, as estratégias para resolução de problemas só podem ser inferidas, constatadas, após alguma ação realizada pelo sujeito, ou seja, um desempenho observável.

Como afirmam Brunner e Zeltner (2004, p.48):

> Cognitivo. Referente ao conhecimento. Com esse conceito se designam funções psíquicas que estão em relação com a recepção (percepção), armazenamento (memória) e processamento (pensar e, em parte, falar) de estímulos ou informações.

Isso não significa que as teorias cognitivistas não se preocupem também com crenças, preconceitos, inferências equivocadas.

As ilusões de ótica que nos levam a perceber linhas de tamanho igual como desiguais, camuflagem, assim como alterações da memória por diferentes fatores, também são fenômenos estudados pelos cognitivistas.

A teoria cognitiva, partindo do princípio da atuação psíquica do sujeito, admite que o cérebro combina e/ou integra as informações que lhe chegam, operando em termos de totalidades e não impulsos nervosos transmitidos por fibras nervosas individuais[2].

2 Voltaremos a esta questão quando apresentarmos algumas contribuições das neurociências.

Entre as correntes cognitivistas surgidas no século XX, a Gestalt ou teoria da forma exerce um relevante papel na história da Psicologia, ao introduzir os conceitos de estrutura e de equilíbrio, principalmente na percepção.

A escola de Berlim, formada principalmente por Max Werlteimer, W. Köhler e K. Koffka realizou pesquisas com animais e seres humanos.

Ficou famosa a experiência de Köhler com chipanzés no período de 1913 a 1917.

Vale a pena relatar um dos experimentos, pois ilustra o que veio a ser chamado de *insight* ou compreensão súbita.

O animal, dentro da jaula, tenta pegar bananas colocadas fora do alcance do mesmo. No interior da jaula foram deixados dois pedaços de bambu de diâmetros diferentes, o que possibilitaria serem encaixados um dentro do outro, tornando a vara mais comprida.

Depois de tentativas com o braço, o chipanzé tentou puxar a banana com uma das varas, o que se mostrou insuficiente. Como as varas estavam no campo visual do animal, este começou a mexer nas duas. Em um dado momento o chipanzé encaixou uma vara na outra e conseguiu alcançar a banana.

> O macaco foi capaz de perceber a relação meio-fim, existente na situação, ou na terminologia da Gestalt, de *estruturar num campo* a vara, a jaula e a banana. A *compreensão (insight)* supõe uma repentina reorganização e integração, em um novo padrão, dos vários aspectos das experiências anteriores do indivíduo, de forma que uma nova situação, embora não inteiramente diversa, seja vista em todas as suas relações. (MOULY, 1966, p.225-6 - grifos do autor)

Embora a divulgação das experiências por meio de livro, em 1925, tenha reforçado a abordagem gestaltista, muitas críticas foram feitas à idéia de *compreensão súbita*, já que tentativas de ensaio e erro foram realizadas anteriormente pelos chipanzés.

A abordagem gestaltista dos estudos perceptivos e de aprendizagem foi importante, pois a sua presença no cenário das discussões teóricas trouxe um contraponto marcante com o behaviorismo.

Mas as críticas feitas por outros cognitivistas, como veremos mais adiante, foram profundas, pois a gestalt mostrou que os elementos individuais são experienciados como unidades, agrupamentos; são estruturas sem gênese, sem história.

Penna nos esclarece por quê:

> Até esta época (década de 40), prevaleceu a abordagem gestaltista, de inspiração fenomenológica e estrutural.
> Nela procede-se a uma rigorosa aplicação dos procedimentos de redução, e as influências dos processos motivacionais e emocionais foram postas fora de circuito. Também as influências sociais foram colocadas entre parênteses. Nada era regrado, obviamente. Buscava-se, contudo, o *eidos*, a essência do processo investigado. Buscava-se o constitutivo, o substantivo, e não o meramente adicional e adjetivo. (PENNA, 2004, p.20-1)

Outros modelos de perspectiva teórica cognitiva poderiam ser citados[3], mas como nosso objetivo é pensar a relação mútua entre Psicologia e Educação, passaremos, em seguida, a abordar as concepções cognitivas que teorizaram sobre a construção dos processos psíquicos superiores. Enfatizaremos as etapas do desenvolvimento e os fatores que estão presentes no processo de mudanças qualitativas que ocorrem da infância à idade adulta.

Enfocaremos a Psicologia Genética de Piaget e colaboradores e a Psicologia Sócio-Histórica, de Vygotsky, Luria e outros pesquisadores.

Ambos podem ser considerados cognitivistas: construtivistas e interacionistas, embora não haja acordo entre os estudiosos em que graus o são e se são, efetivamente, abordagens teóricas opostas ou complementares.

Comecemos pela palavra construtivismo.

> A palavra *construtivismo* é uma metáfora (como uma grande maioria das palavras que utilizamos) empregada em Psicologia e Pedagogia, que nos remete a uma teoria psicológica (originalmente devida de J. Piaget), segundo a qual o verdadeiro conhecimento - aquele que é utilizável - é fruto de uma elaboração (construção) pessoal, resultado de um processo

3 Não se pode esquecer a contribuição do K. Lewin, que deu grande ênfase aos aspectos psicossociais com pesquisas, e a teoria de campo para a dinâmica dos grupos e processos de liderança que tanta influência tiveram no pós-guerra, ou seja, a partir de 1950.

> interno de pensamento durante o qual o sujeito coordena diferentes noções entre si, atribuindo-lhes um significado, organizando-as e relacionando-as com outras anteriores. Este processo é inalienável e intransferível: ninguém pode realizá-lo por outra pessoa. (MONTSERRAT MORENO, 1998, p.39)

Por outro lado, *construção,* embora seja pessoal, só acontece na relação com o meio físico e social.

Basta lembrar que sem a linguagem o nosso desenvolvimento cognitivo é praticamente impossível, e as linguagens existentes - fala, gesto, desenho, música, etc. - são produções culturais e as aprendemos na relação com as outras pessoas.

Dessa forma, não podemos esquecer que *construtivismo* e *interacionismo*, mesmo sendo conceitos diferentes, precisam estar sempre articulados para compreendermos que:

- as mudanças qualitativas, ao longo do desenvolvimento, podem ser observadas porque se construiu um novo esquema, uma nova operação mental - classificação, seriação, correspondência, etc. O sujeito consegue passar da garatuja para um desenho figurativo, e gradativamente compreende e *obedece* a regras de um jogo, etc.

- estas construções que permitem às pessoas *entender* e *organizar* o mundo com instrumentos intelectuais cada vez mais abrangentes, acontecem sempre porque o sujeito-aprendiz interage com os objetos transformando-os em objeto do conhecimento.

A criança espontaneamente, em geral, faz sempre isso. Quando ainda bebê descobre e explora seu pé, joga as coisas no chão para ver o que acontece e mais tarde entra na fase dos porquês. Quando assim age, está interagindo com um *objeto de curiosidade*, primeiro passo para transformá-lo em objeto do conhecimento.

Assim, a riqueza das interações adulto-criança, criança-criança é de importância fundamental, tanto para as construções cognitivas, quanto para as bases da convivência interpessoal, social e política.

Sabemos que a criança pequena, na maioria das vezes, não se socializou ainda para agir de forma espontânea em todas as atividades em clima de cooperação. Mas, se esta cooperação for objetivo da Educação, a proposta pedagógica deve fornecer meios para que se converta em um valor positivo para as pessoas envolvidas.

Estas primeiras idéias e noções sobre o construtivismo já fornecem elementos para compreendermos porque esta teoria encontra tanta dificuldade de ser entendida e operacionalizada em propostas pedagógicas.

Em seguida, vamos refletir sobre algumas causas que, por hipótese, podem esclarecer as razões das dificuldades encontradas há várias décadas após a chegada da teoria ao Brasil[4].

- Será tarefa difícil superar tanto a posição *inatista* que atribui à hereditariedade e à maturação biológica as mudanças qualitativas que ocorrem, ou então a posição *ambientalista* que explica tudo que acontece a fatores determinantes do meio?

Como vimos, o construtivismo interacionista articula os dois fatores em uma terceira posição.

Duas citações extensas nos ajudarão a compreender como se colocam teoricamente aqueles que buscam superar a dicotomia natureza/sociedade e/ou indivíduo/cultura.

Cabe, antes, ressaltar que o interacionismo se refere a dois planos que, na verdade, do ponto de vista epistemológico e das demais dimensões da constituição do sujeito, se complementam.

A interação se dá de uma forma mais ampla entre um organismo individual - cada um de nós, ao nascer - e a cultura e a sociedade nas quais nos desenvolvemos como pessoas.

Outro nível de interacionismo se dá na relação sujeito (-) objeto do conhecimento, na medida em que o sujeito e o objeto só existem na relação. Este segundo nível será melhor detalhado quando tratarmos especificamente da contribuição de Piaget e de Vygotsky.

Neste momento, recorremos a um teórico e a um especialista em neurociência. O objetivo de antecipar temas que serão abordados em capítulos posteriores é tentar, dentro do possível, articular as diferentes

4 Conferir no livro *A difusão das idéias de Piaget no Brasil*, de Mário Sérgio Vasconcelos, indicado como leitura relevante.

faces da realidade tão complexa que a Psicologia e a Educação precisam levar em conta.

Um exemplo de postura interacionista é fornecido por Pichon-Rivière, quando afirma:

> A psiquiatria atual é uma psiquiatria social, no sentido de que não se pode pensar em uma distinção entre indivíduo e sociedade. É uma abstração, um reducionismo que não podemos aceitar porque temos a sociedade dentro de nós. Nossos pensamentos, nossas idéias, nosso contexto geral é, na realidade, uma representação particular e individual de como captamos o mundo de acordo com uma fórmula pessoal, de acordo com nossa história pessoal e de acordo com o modo pelo qual esse meio atua sobre nós e nós sobre ele. (PICHON-RIVIÈRE, 1986, p.59)

Damásio, por sua vez, no capítulo de seu livro já citado, *O erro de Descartes*, explica:

> Ao nascer, o cérebro humano inicia seu desenvolvimento dotado de impulsos e instintos que incluem não apenas um *kit* fisiológico para a regulação do metabolismo, mas também dispositivos básicos para fazer face ao conhecimento e ao comportamento social. Ao terminar o desenvolvimento infantil, o cérebro encontra-se dotado de níveis adicionais de estratégias para a sobrevivência.

A base neurofisiológica dessas estratégias adquiridas encontra-se entrelaçada com o repertório instintivo, e não só modifica seu uso como amplia seu alcance. Os mecanismos neurais que sustentam o repertório supra-instintivo podem assemelhar-se na sua concepção formal geral aos que regem os impulsos biológicos e ser também restringidos por esses últimos. No entanto, requerem a intervenção da sociedade para se tornarem aquilo em que se tornam, e estão por isso relacionados tanto com uma determinada cultura como com a neurobiologia geral. Além disso, fora esse duplo condicionante, as estratégias supra-instintivas de sobrevivência criam algo exclusivamente humano: um ponto de vista moral que, enquanto necessário, pode transcender os interesses do grupo ou até mesmo da própria espécie. (DAMÁSIO, 1996, p.154-5)

Assim, será fácil saber utilizar-se de uma teoria que tentou explicar como se constrói o conhecimento tratando de um sujeito cognitivo quando nossos alunos são também sujeitos afetivos, culturais e sociais? Como ficam as diferenças individuais que resultam de tantas condições pessoais e socioeconômicas e culturais? Se é o sujeito que constrói gradativamente suas estruturas cognitivas, qual será o papel do professor? Qual a diferença de atuação de um professor que orienta sua intervenção pedagógica pelo construtivismo e os que seguem posturas inatistas ou ambientalistas? Conseguimos sempre ser coerentes?

Estas questões sobre a importância da cultura e da linguagem, do papel da Educação, a ênfase em objetos físicos ou signos/objetos culturais dividem estudiosos piagetianos e vygotskianos.

Concordamos com Castorina, quando, mencionando o antagonismo criado, afirma:

> Tal versão, baseada em leituras superficiais, em alguns casos dogmáticas e em outros simplesmente errôneas, dos textos clássicos e das pesquisas mais recentes, impede uma autêntica confrontação que inclua um exame da natureza das perspectivas e problemas propostos pelos nossos autores. (CASTORINA, 1995, p.9)

Além de Castorina, autores como La Taille, Ferreiro, Lerner, trataram do tema.

Menezes, no texto "A sociologia de Jean Piaget: uma resposta às questões irritantes?", fornece dados biográficos e estudos importantes para superar e/ou pelo menos confrontar os argumentos que vêem em Piaget um inatista que só se preocupou com o *sujeito epistêmico*.

Por outro lado, outros autores discutem e aprofundam o significado dos termos *internalização mediada* utilizados por Vygotsky para explicar a passagem dos processos interpessoais para os intrapessoais. Nesses trabalhos procuram esclarecer que não se trata de uma posição associacionista, de mera cópia da realidade cultural na qual as crianças seriam recipientes passivos da socialização.

Esperamos que estas considerações iniciais feitas até o momento ajudem os leitores a formar sua própria opinião, evidentemente, baseados em outras leituras e discussões.

Vamos dar o passo adiante por uma via pouco explorada: as questões metodológicas e as estratégias utilizadas por Piaget e Vygotsky e seus principais colaboradores na elaboração de suas teorias.

Não podemos esquecer que, se ambos nasceram no mesmo ano -1896- Piaget viveu até 1980, enquanto Vygotsky morreu em 1934. Não há dúvidas que Piaget teve muito mais tempo para se dedicar às questões que procurava responder.

Quanto aos métodos de pesquisa utilizados pelos cognitivistas, os mesmos apresentam diferenças e semelhanças entre si, mas divergem radicalmente dos métodos da Psicometria e dos experimentos de Laboratórios, já mencionados.

A pergunta que norteava o trabalho de investigação de Piaget e colaboradores era: "Como se passa de um conhecimento menor para um conhecimento maior, ou seja, como ocorrem mudanças qualitativas e quais são elas?"

Na medida em que o método depende da natureza do objeto estudado, a dimensão genética[5] foi prevista pela aplicação de experimentos, em corte transversal, a diferentes crianças e adolescentes em pequenos intervalos de idade.

O método por ele criado, clínico-experimental, resultou de um processo de construção após várias tentativas bem-sucedidas e outras frustrantes.

Entre 1918 e 1921, Piaget, ao estudar Psicologia em Paris, realiza as seguintes atividades como forma de estabelecer a base empírica que permitiria estabelecer as ligações entre a Biologia e a Epistemologia:

- familiariza-se com as técnicas de entrevistas clínicas, no curso de Psicologia Patológica;
- inicia-se na aplicação de testes padronizados de Burt junto a crianças parisienses[6];

5 É preciso ter clareza que genética, neste caso, não se refere a gens, mas sim à gênese. Piaget estuda, comparando as crianças em diferentes etapas do desenvolvimento, como os esquemas se desenvolvem. Trata-se da gênese e desenvolvimento das operações mentais que tornam o conhecimento mais elaborado.

6 Burt foi um psicólogo inglês que estudou basicamente a relação todo-parte e as relações de seriações verbais. Piaget foi encarregado de fazer a padronização das provas, no antigo laboratório de Binet.

- percebe e se convence que, apenas constatar os acertos e as dificuldades das crianças pouco auxilia na compreensão da psicogênese das noções pesquisadas;
- adota um método de entrevistas clínicas com o objetivo de investigar, em profundidade, as razões das dificuldades das crianças. Quis saber como pensam em cada etapa do desenvolvimento, pois já estava convencido de que a lógica não é inata;
- convence-se de que o método de conversação pura não se mostrou adequado às questões relativas às fases do desenvolvimento anteriores ao período das operações formais, na medida em que a lógica verbal é a última das formas de evolução da lógica, e muitas habilidades possíveis de serem comprovadas através de manipulação de objetos não eram constatadas.

Piaget passou, então, a adotar, em trabalhos posteriores a 1930, um método que não eliminou o componente verbal, pois prevê uma conversação com o sujeito através de perguntas e respostas, que, por não serem fixas e estandartizadas, permitem o máximo possível de tomada de consciência e de formalização de atitudes mentais próprias.

O que introduziu foram experimentos em que objetos são manipulados, ou pelo pesquisador ou pelo sujeito, e através do desempenho deste último pode-se inferir se o mesmo domina ou não uma dada operação mental.

Outra característica própria do método adotado por Piaget é que cada experimento tenta esclarecer apenas um aspecto ou uma seqüência: segundo ele, o bom experimento é desenvolvido para responder a uma questão, e para que se formule uma boa questão é necessário situá-la em um conjunto de problemas.

As tarefas experimentais foram constituídas a partir de observações de comportamentos espontâneos de crianças ou da tentativa da comprovação de estruturas cognitivas logicamente possíveis.

As provas assim planejadas atendem ao duplo critério de serem adaptadas às diferentes etapas do desenvolvimento cognitivo, e de propiciarem um desempenho por parte do sujeito que seja interpretável pelo pesquisador de acordo com o referencial teórico que as informa.

Antes de completar seu método clínico-experimental, ainda na década de 20 e 30, Piaget observa minuciosamente o desenvolvimento de seus três filhos, o que lhe permite identificar a continuidade entre o vital e o racional, a raiz da lógica na coordenação das ações, etc. (PIAGET, 1990) Nestes casos, utiliza o método longitudinal, pois acompanha os mesmos sujeitos por um longo período de tempo.

Em 1955, começa a funcionar o Centro Internacional de Epistemologia Genética em Genebra, o que congrega uma grande variedade de cientistas - lógicos, psicólogos, matemáticos, físicos, biológos, sociólogos e epistemólogos, etc.

Alguns se dedicam, com Piaget, a pesquisar questões de natureza mais epistemológicas; outros darão mais ênfase a problemas tais como aprendizagem e estruturas do conhecimento, da lógica da criança à lógica do adolescente, etc., dando atenção, também, ao sujeito individual, ao desenvolvimento ontogenético.

Nas duas linhas de investigação que, na verdade, se entrecruzam, Piaget escreveu várias obras em parceria com os colaboradores.

Diante dos resultados de pesquisas que vêm sendo realizadas em vários países é natural que surjam questões de natureza teórica e metodológica.

Para Piaget, as pesquisas transculturais são necessárias, pois "a Psicologia que elaboramos em nossos meios caracterizados por uma certa cultura, uma certa língua, etc., permanece essencialmente conjetural, enquanto não fornecemos o material comparativo necessário a título de controle". (PIAGET, 1972, p.67)

Em algumas de suas obras, Piaget faz referência às pesquisas realizadas na Martinica, no Irã, na Austrália, etc., como exemplos de culturas diferentes da européia, onde suas provas foram aplicadas. O atraso sistemático na formação de noções de conversação é sempre encontrado em relação às idades médias das crianças suíças e francesas.

Assim, a adoção da teoria de Piaget com fins pedagógicos deve necessariamente ser precedida ou acompanhada por investigações que objetivam conhecer as estruturas cognitivas de uma dada população que possua características culturais próprias.

Já existe evidência suficiente de que a idade cronológica não deve servir de indicador *a priori* dos instrumentos cognitivos disponíveis por parte dos sujeitos e, conseqüentemente, como suporte para escolha dos conteúdos e dos métodos a serem adotados pelo educador.

A constatação da diferença no ritmo de desenvolvimento cognitivo levanta, como foi anteriormente mencionado, questões relativas aos aspectos teóricos e metodológicos do modelo adotado.

Na medida, porém, em que Piaget adotou o método clínico-experimental com o objetivo de conhecer o desenvolvimento qualitativo do pensamento, a utilização das provas por ele criadas em outros grupos culturais não se faz sem riscos.

Atualmente, cada vez mais se discute a validade de aplicar, em meios sociais e culturais, um mesmo teste ou prova. Pesquisas têm demonstrado que o próprio conteúdo dos testes, diferenças de *status* entre aplicador e sujeitos que se refletem principalmente na linguagem etc., podem contaminar os resultados. É evidente, portanto, que quando adotam provas criadas em outras culturas, o risco que se corre deve ser levado em consideração.

Piaget compartilha, tanto do interesse pelo estudo dos níveis cognitivos em outras culturas, como da preocupação com os riscos desta aplicação quando afirma:

> Pensamos, pois, por nosso lado que a questão permanece aberta, enquanto pesquisas precisas sobre o nível operatório de adultos e crianças de sociedades variadas não forem feitas de maneira sistemática. Ora, essas pesquisas são difíceis de traçar porque supõem uma boa formação psicológica acerca das técnicas de exame operatório (com conversação livre e não estandartização à maneira de testes, e todos os psicólogos não têm essa formação), bem como conhecimento etnográfico suficiente e um completo domínio da língua dos sujeitos. Conhecemos poucas provas desse gênero. (PIAGET, 1974, p.94-5)

Por outro lado, se se admite que o desenvolvimento cognitivo se dá na relação do indivíduo com o seu meio físico e social, parece válido pesquisar quais as operações mentais que em meios sociais distintos se desenvolvem e quais as que ficam prejudicadas.

Quanto à teoria sócio-histórica, utilizamos como fontes três textos específicos sobre o tema dos métodos, além de completar com material presente em outros livros ou passagens de vários autores.

Dois textos são do próprio Vygotsky: o capítulo 5 - "Problemas de método", do livro *Formação social da mente*; o segundo -"Um estudo

Experimental: a formação de conceitos", capítulo do livro *Pensamento e linguagem*. O terceiro texto é de Luria que, ao apresentar uma biografia de Vigotsky[7], relata a experiência realizada na Ásia Central, mais especificamente no Uzbekistão. Luria realizou a investigação pessoalmente, mas foi Vygotsky quem proporcionou o quadro necessário para a teoria. Todavia, era necessário ainda comprová-la empiricamente.

O que é comum nos três textos é que diante de uma nova concepção teórica, ou melhor dizendo, de uma rejeição às teorias existentes, Vygotsky e seus colaboradores criaram instrumentos metodológicos, materiais concretos, para comprovar o que colocavam como problema de pesquisa.

No texto "Problemas de método", Vygotsky critica radicalmente os experimentos que se baseiam na estrutura estímulo-resposta. Mesmo considerando que foram um avanço, a partir de 1880, as pesquisas em laboratórios na verdade nada acrescentaram ao conhecimento das funções superiores dos seres humanos. Apenas processos elementares, de natureza psicofisiológicas, podiam ser observados e medidos. (VIGOTSKY, 2003)

Sua proposta de investigação era duplamente diferente: objetivava pesquisar os processos psicológicos superiores: linguagem, consciência e pensamento, mas tendo como base teórica o Materialismo Histórico.

> Baseado na abordagem materialista dialética da análise da história humana, acredito que o comportamento humano difere qualitativamente do comportamento animal, na mesma extensão em que diferem a adaptabilidade e desenvolvimento dos animais. O desenvolvimento psicológico dos homens é parte do desenvolvimento histórico geral de nossa espécie e assim deve ser entendido. A aceitação dessa proposição significa termos que encontrar uma nova metodologia para a experimentação psicológica. (VIGOTSKY, 2003, p.80)

Para atingir seus objetivos de investigação, apresenta três princípios básicos:

7 O nome russo do autor é grafado de maneira diferenciada em várias obras e línguas. Vigotsky, em espanhol; Vygotski, em francês; Vigostij, em italiano; e Vygotsky, em inglês. Encontra-se também Vigotskii.

• **Analisar processos e não objetos**

Para o teórico, não cabia trabalhar com objetos psicológicos estáveis e fixos, pois lhe interessava saber como a criança, os adolescentes e os adultos alcançavam suas funções psicológicas superiores a partir do meio sociocultural.

Denomina seu método de *desenvolvimento experimental*, já que cria, como veremos mais adiante, situações artificialmente estimulantes que permitem identificar etapas dos processos de desenvolvimento.

• **Explicação *versus* descrição**

Comentando as diferenças entre descrição de aparência e explicação, afirma que esta última deve revelar a gênese e as bases dinâmico-causais do desenvolvimento dos seres humanos.

Por exemplo, aspectos externos e descritivos da fala de uma criança podem indicar que esta se entende com o adulto e de fato se comunicam, mas no que se refere ao nível conceitual, operam em níveis bem diferentes[8]. Cabe à investigação explicitar e explicar o porquê das diferenças internas escondidas pelas similaridades externas.

• **O problema do comportamento fossilizado**

Trata-se aqui de investigar não apenas os processos psicológicos automatizados ou mecanizados, já que sua expressão externa nada mais informa sobre sua natureza interna: "Estudar alguma coisa historicamente significa estudá-la no processo de mudança: esse é o requisito básico do método dialético." (Vygotsky, 2003, p.86 - grifos do autor)

Uma análise do desenvolvimento que reconstrói todos os pontos do processo faz retornar à origem o desenvolvimento de uma determinada estrutura.

Após fazer críticas e comparações com outros métodos adotados por psicólogos, como Wundt, Ach, Titchener, Cattell[9], Vygotsky conclui:

---

8 Para um adulto, leite é um alimento (conceito); para a criança, leite é branco (atributo). (Ver LURIA, 1986)

9 Não cabe resumir aqui o que Vygotsky escreveu, pois requer maiores informações que não estão presentes no texto. Aos interessados em aprofundar o tema, sugiro a leitura do capítulo mencionado e pesquisar bibliografia complementar.

> Entendemos que nosso método é importante porque ajuda a *tornar objetivos* os processos psicológicos interiores: os métodos de associação entre estímulos e respostas são objetivos, limitando-se, no entanto, ao estudo das respostas externas já contidas no repertório do sujeito. Quanto às metas da pesquisa psicológica, acreditamos que nossa abordagem, que torna objetivos os processos psicológicos interiores, é muito mais adequada do que os métodos que estudam as respostas objetivas preexistentes. Somente a *objetivação* dos processos interiores garante o acesso às formas específicas do comportamento superior em contraposição às formas subordinadas. (VYGOTSKY, 2003, p.99 - grifos do autor)

No início do capítulo já mencionado, "Um estudo experimental da formação de conceitos", Vygotsky, sempre empenhado em estabelecer diferenças teóricas e metodológicas com psicólogos de outras correntes, faz um retrospecto do modo de investigar a formação de conceitos pelas crianças, jovens e adultos. Em seguida, apresenta um exemplo do método desenvolvido por L.S. Sakhavov, um de seus colaboradores.

O método é chamado de dupla estimulação: um objeto - figuras geométricas de diferentes cores, formas e tamanhos - e palavras artificiais.

Ao todo, são vinte e dois blocos agrupados por combinações, tais como pequeno e chato, alto e grande, grande e chato, etc. Em baixo de cada objeto estão escritas palavras artificiais, como *mot*, *pas bik*, *kun*. O sujeito deve formar um conceito novo a partir da relação entre os objetos e as palavras, a segunda estimulação.

Como esclarece Luria (1986, p.70 - grifos do autor):

> A dificuldade deste experimento consiste em que as palavras artificiais não designam traços simples, mas sim complexos, por exemplo, a palavra *pak* designa todas as figuras pequenas e chatas, a palavra *bik* designa as grandes e chatas, *pas* designa todas as figuras grandes e altas, independentemente da cor e da forma dessas figuras.

Verifica-se, assim, que o sujeito deve estabelecer hipóteses a partir dos seus erros e acertos, pois vai aos poucos verificando que a relação entre as palavras e as formas não é dada, mas decorre de operações lógicas de classificações duplas (forma e tamanho).

Mesmo sendo considerada uma prova longa e difícil[10], ela proporciona a oportunidade de identificar três níveis de formação de conceitos.

O primeiro nível Vygotsky denomina *agregação desorganizada*, pois os sujeitos fazem montes sem qualquer fundamento lógico, ou seja, não existe um critério adotado. Trata-se de um conglomerado vago e sincrético de objetos isolados, de acordo com o autor. A segunda fase é denominada *pensamento por complexos*, que já constitui um pensamento mais coerente e bem mais objetivo do que no estágio anterior, não sendo, no entanto, um pensamento conceitual. As relações entre os componentes (objetos) são concretas e factuais, mas não lógicas.

Segundo Vygotsky:

> Enquanto um conceito agrupa os objetos de acordo com um atributo, as ligações que unem os elementos de um complexo ao todo, e entre si, podem ser tão diversos quanto os contatos e as relações que de fato existem entre os elementos. Os critérios podem ser do tipo associativo, coleções ou em cadeia[11]. (p.53)

Finalmente, o conceito é identificado no terceiro estágio quando o sujeito é capaz de unir e separar: a síntese deve combinar-se com a análise, ou seja, analiso as propriedades de cada objeto e os classifico por aquelas que são comuns, separando-os dos que possuem características diferentes.

Sendo os conceitos os instrumentos do pensamento, voltaremos a eles em outros trechos deste livro.

---

10 Tanto Vygotsky quanto Luria não conseguem explicitar a dinâmica da prova de forma muito clara. Pessoalmente pude vivenciá-la durante uma aula do mestrado, em 1974, no IESAE/FGV, no Rio de Janeiro. A leitura dos dois autores poderá fornecer mais elementos.

11 É extremamente interessante constatar que Piaget, ao pesquisar a formação de conceitos com blocos de figuras geométricas de cores e formas diferentes, encontrou resultados semelhantes. Antes de fazer classificações por cor e forma, as crianças pré-operacionais constroem o que Piaget denominou *coleções figurais*, pois os sujeitos construíam trens, casas e pontes com os blocos.

No terceiro texto consultado[12], Luria esclarece que a realização de uma investigação visava estudar os efeitos da cultura no desenvolvimento do pensamento:

> Concebemos a idéia de levar a cabo o primeiro estudo de grande alcance das funções intelectuais entre os adultos de uma sociedade não-tecnológica, ilustrada e tradicional. Além disso, tirando partido das rápidas mudanças culturais que estavam ocorrendo em remotas partes de nosso país, esperávamos traçar as mudanças que ocorrem no processo de pensamento e que são provocadas pela evolução social e tecnológica. (LURIA, 1988, p.41)[13]

A pesquisa se caracterizou como uma verdadeira expedição a um local distante de Moscou, onde as diferenças culturais entre cidades e zona rural eram muito grandes. A religião predominante era o islamismo. A mulher era mantida isolada da vida social coletiva e eram altíssimos os índices de analfabetismo, principalmente nas aldeias, da maioria da população.

Como já foi mencionado, nas primeiras décadas do século XX a Gestalt se constituía em uma corrente da Psicologia que estudava estruturas psicológicas, sem levar em conta a gênese das mesmas e, portanto, as influências do ambiente (inatismo).

As leis de *boa forma*, do fechamento, figura e fundo, figuras ambíguas, etc., eram consideradas como universais à mente humana, independente das culturas onde as pessoas viviam.

Fica claro que, se Vygotsky precisava comprovar sua teoria em relação às críticas feitas às correntes ambientalista e associacionista, precisava igualmente provar que a Gestalt estava também equivocada ao tratar das leis de percepção e das demais funções superiores da cognição como independentes da cultura e de experiências anteriores.

Assim, em 1930, a equipe da investigação optou por um local que apresentasse a possibilidade de compor uma amostra que fosse integrada

---

12 Luria se refere à antiga União Soviética da qual fazia parte o Uzbekistão, país localizado geograficamente onde se encontram o Afganistão, Kazaquistão, na Ásia Central, próximos do Paquistão, China, Índia e Turquia.

13 Os estudos da Antropologia eram recentes e pouco científicos. Discutia-se se o intelecto dos homens civilizados e *primitivos* era estruturalmente semelhante ou diferente, considerados pré-lógicos estes últimos.

por analfabetos isolados em aldeias, mas já participando da economia socialista, por alfabetizados com relativo contato com a cultura tecnológica, com a literatura e outras formas de conhecimento e o terceiro grupo com níveis maiores de integração às condições consideradas necessárias às mudanças psicológicas na forma de pensar.

Foram aplicadas provas adaptadas à cultura local, inclusive precedidas de conversas informais; mulheres aplicavam provas em mulheres e sempre relativas a assuntos considerados pertinentes e não temas artificiais ou inúteis.

As situações propostas para os sujeitos incluíram figuras geométricas e objetos do cotidiano, níveis de concentração, silogismo.

O texto de Luria é de grande importância, pois fornece informações valiosas para professores que lidam em sua prática com alunos provenientes de vários meios socioculturais.

Voltaremos aos resultados no capítulo 6 deste livro, sobre jovens e adultos que iniciam ou retornam ao processo de escolarização.

2.2 - Contribuições de Piaget: uma tentativa de relacionar teoria e prática

Algumas considerações sobre a posição epistemológica de Jean Piaget

Neste item vou procurar trabalhar em dois níveis articulados: o nível teórico e o nível empírico, isto é, utilizando exemplos do nosso cotidiano, seja escolar, seja de outras situações práticas.

Em geral, nós professores, quando pensamos em conteúdos, nos lembramos da lista de assuntos ou temas que constam dos programas de cada série escolar. Na prática, no contato com os alunos e na nossa própria experiência de estudantes, percebemos que os conteúdos podem apresentar um grau maior ou menor de dificuldade de assimilação, de compreensão e de tempo necessários para o domínio seguro do que estamos lendo, ouvindo, tentando apreender sozinhos ou em grupo.

É claro que os conteúdos não exigem sempre o mesmo nível de abstração nem de generalização. Flor, por exemplo, como conceito, é mais abstrato e mais geral do que rosa ou margarida. Se estas são classes de flores, flor é uma classe de vegetais, e estes classes de seres vivos. Para que um aluno compreenda o que significa cada um desses conceitos (rosa, flor, vegetal, ser vivo), necessita de níveis crescentes de competência cognitiva.

O termo competência, por dar margem a significados e sentidos diversos, tem provocado discussões entre estudiosos da Educação. Para nós, competência se refere à possibilidade de utilizar determinadas operações da inteligência que permitem ao aluno (sujeito da aprendizagem) classificar, seqüenciar, estabelecer correspondências, ir além do texto fazendo inferências, sínteses que permitem identificar a idéia central de uma narrativa, etc.

Teoricamente, por classificação entende-se um tipo de operação mental onde intervêm não só a abstração e a generalização, como operações aditivas que regularizam tanto em relação às ampliações como às inclusões de elementos (rosa, flor, vegetal, etc.).

Por seriação (seqüenciação), entende-se um tipo de operação mental pela qual os elementos são agrupados de acordo com suas diferenças ordenadas, que implica a reversibilidade (1, 2, 3, 4, 5, -5, -4, -3, -2, -1).

Voltar-se-á a essas noções ao longo do trabalho. O que foi dito é suficiente a esta altura, pois o que interessa no momento é analisar a posição epistemológica dentro da perspectiva genética de Piaget.

Como afirmam vários autores [Franco et al. (1997), Castorina (1998), etc.], os desafios de relacionar as competências de domínio geral (classificações, seriações, correspondências, entre outras) com as de domínio específico relativas à construção e aquisição de conhecimentos, estão ainda presentes na prática educacional, em que pesem as contribuições de vários autores.

Vou tentar esta estratégia de apresentação de aspectos da teoria piagetiana, mesmo sabendo dos riscos.

Uma das estruturas operatórias - a classificação - é necessária na língua portuguesa, por exemplo, para entender o que são: gêneros literários, cenários e personagens, tempos de narrativas, parágrafos, marcas lingüísticas.

Em Matemática, os conceitos de área e perímetro, de operações (soma, subtração, multiplicação e divisão), grandezas e medidas, percentagem, são possíveis de ser compreendidos se o aluno for capaz de identificar atributos e propriedades de cada um deles.

Em Ciências, sem classificações aditivas e multiplicativas e inclusões de classe, o aluno não compreende que o morcego é, ao mesmo tempo, mamífero e animal que voa.

Em Geografia, as relações espaciais de fronteira, perto-longe, e as maneiras de representar o espaço, acidentes geográficos, são classificações necessárias que se entrecruzam na leitura de mapas, planisférios, globos terrestres, etc.

Como entender História sem classificar sistemas políticos e culturais, formas de governo, estado e governo, unidade de medida de tempo (que é objeto de conhecimento para Matemática, também) organização do tempo histórico em períodos, etc.?

Por estes exemplos podemos entender porque o conhecimento do real (dos objetos) não se dá de forma direta e imediata, mas sim através de modelos ou esquemas que tornam possível ao sujeito apreender os objetos. Isto significa que os estímulos só se tornam compreensíveis para o sujeito se este possuir formas de abordagem, ou seja, estruturas perceptíveis e intelectuais por meio das quais possa conferir significação ao que é percebido. Ocorre que essas estruturas não são inatas, mas vão sendo construídas pela ação do sujeito, face aos estímulos que recebe do meio e de suas possibilidades em cada etapa do seu desenvolvimento. Isso significa que, ao nível do sujeito, os objetos são apreendidos segundo suas possibilidades, ou seja, de acordo com o instrumental cognitivo de que disponha.

A noção de estrutura implica determinados elementos constitutivos ligados entre si por determinadas relações, de tal forma que aqueles só podem ser definidos e caracterizados a partir desta situação de interdependência entre elementos e relações.

Nas estruturas cognitivas encontram-se presentes como elementos constitutivos, por exemplo, percepções, lembranças, conceitos e operações ligados por relações espaço-temporais, causais, implicativas, etc.

Um item da prova de Matemática do SAEB 2001[14] poderá servir de exemplo do que foi afirmado teoricamente sobre mediação da estrutura cognitiva na resolução de um problema.

"A distância da casa de Manuela até o ponto de ônibus é maior que 200 m e menor que 500 m ". Essa distância poderá ser de:

---

14 Relatório SAEB. 2001, p.22.

(A) 199 m
(B) 600 m
(C) 398 m ←
(D) 100 m

O percentual de resposta foi: (A) 15; (B) 21; (C) 37; (D)18; em branco e nulas 9.

Seguem os comentários feitos pela equipe do SAEB:

> Os conceitos requeridos para a resolução deste item são: medidas de comprimento, noções de maior e menor e de intervalo entre números naturais.
>
> O aluno tem que raciocinar levando em conta um intervalo em uma série concreta, encontrando a medida que se enquadra entre os pontos de referência dados: maior que 200 m e menor que 500 m, isto é, entre duas medidas.

Nota-se que a maioria dos alunos parece não possuir esquemas assimiladores para entender o que estava sendo proposto (lidar com centenas, noção de intervalo maior-menor do que, o que significa, em princípio, que aqueles que erraram não conseguem considerar duas ordens concomitantemente).

Assim, à excessão dos 37% que accertaram, os demais alunos não conseguiram compreender e responder corretamente à estrutura do problema proposto.

O mesmo item foi repetido na prova da 8ª série, e o percentual de acerto foi de 67%.

Os percentuais comparados 37% e 67% indicam uma mudança qualitativa, para melhor, na 8ª série, isto é, um número maior de alunos pôde dispor de uma estrutura cognitiva que lhe permitiu assimilar a questão, pois tinham alcançado, tal como os 37% da 4ª série, a construção dos instrumentos cognitivos necessários para compreender a questão e resolvê-la.

Para Piaget essa construção é possível na medida em que existe no sujeito o processo de equilibração, responsável pela integração das novas aquisições, ou seja, novos esquemas de ação e novas estruturas que possibilitam novas formas de conhecimento.

O modelo que satisfaz à hipótese explicativa de Piaget caracteriza-se por ser um modelo biológico, já que se fundamenta nos princípios de adaptação e organização. O ponto inicial é, para Piaget, o equipamento orgânico dotado de mecanismos fisiológicos herdados que funcionam sob a influência de movimentos impulsivos excitantes externos, isto é, os reflexos.

> Mantendo-nos no plano do comportamento, um esquema nunca tem começo absoluto, mas deriva sempre por diferenciações sucessivas de esquemas anteriores, que remontam progressivamente até os reflexos ou movimentos espontâneos iniciais. (PIAGET, 1973, p.18)

Os mecanismos que compõem o processo de adaptação são a assimilação, que é o utilizar-se de incorporações já feitas anteriormente em situações novas, e a acomodação, que é o criar novos comportamentos diante de situações que requerem novos esquemas.

Os invariantes funcionais - assimilação e acomodação - estão sempre presentes, e é através deles que o processo de equilibração se dá. Mas, na medida em que a construção das estruturas segue uma ordem hierarquizada, o que cabe ao sujeito assimilar e acomodar compreende conteúdos cada vez mais complexos.

No nível mais elementar, a equilibração se faz necessária para a construção dos esquemas de ação que resultam da assimilação dos objetos pelo sujeito e da acomodação do mesmo aos objetos.

À medida em que diferentes esquemas são construídos, o sujeito passa a dispor de formas diferenciadas de assimilar um mesmo objeto (por exemplo, olhar e pegar ou classificar e seriar). Estas formas podem ser coordenadas por assimilações recíprocas que requerem acomodações igualmente recíprocas, já que o sujeito só poderá adaptar-se efetivamente a essa nova situação se for capaz de se modificar em função das novas exigências que a coordenação de esquemas ou operações exige.

Assim, como afirma Coll e Gillieron:

> O nível de competência intelectual de uma pessoa em um determinado momento de seu desenvolvimento depende, tanto da natureza e do número de esquemas que possui, como da

> maneira como tais esquemas podem combinar-se e coordenar-se entre si. (1987, p.35)

Se as estruturas são variáveis, o serão porque as formas de organização motora, no início - pegar e sugar, coordenar informações tais como perto de-longe de, para localizar um objeto no espaço vivido ou representado, coordenar a seriação e a classificação na construção do número, etc. - vão-se aprimorando como resultado de mudanças qualitativas.

Fatores do desenvolvimento

Quando da apresentação da posição epistemológica de Piaget, afirmou-se que aceitar que as estruturas cognitivas se sucedem implica aceitar que, tanto os elementos, como os tipos de relações entre os mesmos, se modificam ao longo do processo de desenvolvimento.

A psicogênese das estruturas foi vista como resultado de um processo de construção que se dá na relação do organismo com o meio, através de mecanismo de adaptação que comporta invariantes funcionais e processos de auto-regulação.

Em seguida, serão feitas referências ao papel que os fatores que interagem desempenham na construção das estruturas, ou seja, fatores biológicos, o papel da experiência e fatores sociais.

Ao adotar um modelo biológico, Piaget não poderia deixar de mencionar o papel que atribui ao equipamento orgânico e, tratando-se da psicogênese, o processo de maturação necessariamente deve ser contraposto aos demais fatores.

Quanto ao equipamento orgânico, Piaget faz algumas referências importantes. A primeira no sentido de que as características morfológicas e fisiológicas condicionam o ser humano, enquanto espécie, a certos padrões de comportamento. Nesse sentido, menciona a visão em três dimensões, a possibilidade de manipulação e locomoção e a possibilidade de aquisição de uma linguagem articulada, etc. Assim, não se pode excluir o fator endógeno na construção dos esquemas de ação.

Piaget menciona mais especificamente o papel do sistema nervoso, que "tem por campo o conjunto das regulações funcionais no duplo aspecto de regulações internas (coordenação dos diferentes aparelhos fisiológicos) e de regulagem das trocas com o meio". (1973, p.46)

Para ele, o sistema nervoso humano é o órgão mais evoluído e aperfeiçoado dos seres vivos, servindo como instrumento orgânico capaz de exercer a dupla função organizadora e adaptativa nas trocas com o meio. Portanto, o nível de cerebralização alcançado pelo homem permite que se fale de um componente hereditário na inteligência humana que o distingue dos outros animais. Isto não significa a herança de estruturas acabadas, mas apenas capacidade de progresso desconhecida nas demais espécies.

Quanto ao processo de maturação, Piaget enfatiza que apesar da Psicologia do Desenvolvimento ter usado freqüentemente o conceito de maturação, a Neurologia e a Fisiologia em geral pouco têm esclarecido sobre as transformações que ocorrem ao longo do crescimento orgânico.

Isso não significa que não se deva levar em consideração o papel desempenhado pela maturação, que, segundo Piaget, consiste em abrir possibilidades novas ao sujeito. Essas possibilidades são, no entanto, apenas funcionais e assumem o caráter de condição necessária para a construção de novas estruturas, mas não condições suficientes. O argumento utilizado por Piaget quando nega ao processo de maturação um caráter explicativo do desenvolvimento é o fato de que, em sociedades distintas, as etapas do desenvolvimento não são alcançadas nas mesmas idades pelas respectivas populações infantis, o que deveria ocorrer se o processo dependesse apenas de maturação tardia de certas conexões nervosas.

Piaget supõe que alterações significativas ocorram por volta dos 7-8 anos, e que o processo de maturação se prolongue até os 16 anos, mas as novas possibilidades devem ser concretizadas pelo sujeito ativo em interação com o ambiente.

Quanto ao fator experiência, há uma dificuldade decorrente do fato de que Piaget faz referência a dois tipos de experiência, uma física, outra lógico-matemática, que seriam de natureza distintas.

Deve-se concordar com Greco, quando afirma que "nada é mais ambíguo, com efeito, que essa noção de experiência, que pode designar tanto e simultaneamente a leitura de um fato exterior ao sujeito, e o exercício de uma atividade mental própria do sujeito, e cujo objeto seria somente o suporte ocasional". (PIAGET e GRECO, 1974, p.103)

Na experiência física o sujeito opera com os objetos e, ao agir sobre eles, descobre suas propriedades. Assim, manipulando objetos, a criança chega às noções de peso, forma, etc. Para Piaget, o conhecimento experimental tem sua origem nesse tipo de experiência.

A experiência lógico-matemática decorre também de uma interação do sujeito com os objetos, mas resulta da abstração das ações que o sujeito realiza sobre estes objetos. No início do processo de desenvolvimento, os objetos concretos e manipuláveis são necessários, por exemplo, para que a criança os coloque em fileira, exercitando a ordenação, para daí abstrair a ação de seriar ou para que faça uma correspondência entre os objetos, preparando a possibilidade de estabelecer equivalências biunívocas, etc.

Após ter adquirido um certo grau de abstração e de ser capaz de coordenar ações cada vez mais gerais, o sujeito passa a poder dispensar os objetos concretos e operar em nível simbólico e de maneira dedutiva.

Essa mudança de plano do pensamento é possível graças ao processo de abstração reflexiva que consiste na reconstrução, com novas combinações, que permitem a integração de uma estrutura operatória menos complexa ou equilibrada em outra mais rica de nível superior. Piaget adota o termo *reflexiva* no duplo sentido, físico e mental, da palavra reflexão. Físico enquanto projeção num novo plano, e psicológico enquanto "novo arranjo, feito pelo pensamento da matéria anteriormente fornecida em estado bruto ou imediato". (PIAGET, 1973, p.363)

Embora suas origens sejam distintas, a experiência física depende, para Piaget, das conquistas alcançadas pelo sujeito no campo das estruturas lógico-matemáticas. Quando relaciona esta condição com o conhecimento físico, Piaget é coerente com sua posição epistemológica. O contato com os objetos do conhecimento é sempre mediatizado pelos esquemas assimiladores. Assim, não existe experiência *pura* no sentido do contato direto e imediato entre o sujeito e os objetos.

Em resumo, o conhecimento físico não é jamais uma cópia, mas necessariamente a assimilação a esquemas de ação de complexidade crescente. Ora, esta assimilação é necessariamente também de natureza lógico-matemática, primeiramente porque as ações necessárias à detectação das propriedades dos objetos e dos fenômenos não são ações isoladas, por mais diferenciadas que sejam pela acomodação à diversidade e aos detalhes das situações. São ações coordenadas entre si, e a coordenação geral das ações constitui precisamente a fonte das operações lógico-matemáticas[15].

Nessa perspectiva, temos uma contribuição para pensar em implicações educacionais.

Todos nós sabemos que no cotidiano manipulamos objetos, assistimos à televisão, fazemos compras, podemos cozinhar, etc., mas nem sempre essas ações e *experiências* modificam qualitativamente nossos níveis de conhecimento. Isso ocorre porque o conhecimento não é *cópia do real*, ou seja, o objeto não é compreendido em suas propriedades e características apenas porque é exposto ao sujeito.

Caso bastante recorrente nas escolas é a dificuldade dos alunos compreenderem representações gráficas como esquemas, mapas e, em muitos casos, até desenhos representando o corpo humano, células, partes de animais como olho, pele, etc.

Se os alunos permanecerem em um estágio de cognição figurativa, continuarão sem construir novos conhecimentos, porque o nível figurativo refere-se à configuração presente, estática, de uma coisa percebida pelos sentidos.

Para que se dê a abstração é preciso que os alunos e nós mesmos, em várias situações, nos detenhamos nas propriedades características do objeto e por assimilação e acomodações atingir o nível operatório.

Para Piaget:

> A percepção jamais age sozinha: só descobrimos a propriedade de um objeto acrescentando algo à percepção. E o que lhe acrescentamos não é senão, precisamente, um conjunto de quadros lógico-matemáticos, que tornassem possíveis apenas as leituras perceptíveis. (1973, p. 78)

Quando se analisa as propriedades de um mapa levando em conta os conceitos de fronteira, escala, relevo, divisões internas, estamos passando do figurativo para o operatório: O que é um mapa? O que ele está representando? Quais são seus atributos?

---

15 O livro *Percursos piagetianos* contém artigos de autores que apresentam reflexões recentes sobre o papel da significação, dos modelos mentais e da subordinação do aspecto figurativo ao aspecto operativo do pensamento. Concordo com os autores que há necessidade de muita pesquisa para comprovar novas hipóteses.

Por outro lado, para exemplificar com a representação do espaço, pode-se afirmar que até alcançar a possibilidade de interagir com objetos bi e tridimensionais a criança e o adulto necessitam construir o conceito de espaço e as possibilidades de sua representação em desenhos, maquetes e mapas por meio de várias ações, reconstruindo o espaço, alcançando novas exigências, como redução de tamanho, respeito à proporção, relações topológicas, etc.

Neste caso, o conhecimento é abstraído da ação (que ordena, reúne, calcula proporções); será a atividade do sujeito que construirá o conhecimento da fase prática à dedução operatória posterior.

Neste caso, temos a abstração reflexiva que vai do *fazer* para o *compreender*. Se as ações são partilhadas, na sala de aula o aluno objetiva o que está fazendo e as razões por que o fez, verbalizando para colegas e professor. Assim, as oportunidades de construir conhecimento, são infinitamente maiores. Não será a ação pela ação rotineira e sim domínio do que está fazendo.

Pelo exposto, fica evidenciado que Piaget atribui papel indispensável ao fator experiência, o que não poderia deixar de ocorrer dentro da posição construtivista que estabelece analogia entre o desenvolvimento epigenético, orgânico e mental.

Uma vez mencionados os fatores de ordem biológica e o grande valor atribuído às ações do sujeito, revemos como podemos exemplificar os aspectos interpessoais e culturais enquanto fatores do desenvolvimento.

Todos nós sabemos que as crianças, antes de entrar na escola, por meio de práticas culturais variadas conhecem alguns números - relativos à contagem de idade, dias e meses, notações de endereço, quantias em dinheiro, etc. - mas é pouco a pouco que elas vão acertando as quantidades e seriando-as corretamente. É por meio de classificações (cinco é sempre a classe das cinco unidades) e seriações (já sabem contar em ordem até vinte) que os alunos vão construindo, simultaneamente, o conceito de número e organizando-os em um sistema de numeração que segue uma lógica matemática (n+1), mas que veio assumindo diferentes modelos ao longo da história das civilizações, como são exemplos os códigos numéricos maias, egípcios e romanos, entre outros.

Se em um primeiro momento, quando ainda sempre conta somando + 1, os alunos já estão se habilitando para saber qual é o número maior e qual o menor quando dois números inteiros lhes são apresentados, ao prosseguir na escolarização, serão desafiados a não mais contar de um em um, mas a agrupá-los de dez em dez, cem em cem, mil em mil, e assim por diante.

Algumas habilidades novas serão necessárias para expressar essa nova competência: contar por agrupamentos. Os alunos que já dizem os *números grandes* precisam também saber escrevê-los. É muito freqüente nesse novo desafio os iniciantes escreverem 2.000.300.504 ao invés de escreverem corretamente 2354.

As notações numéricas seguem regras que precisam ser entendidas e não decoradas. As conclusões estabelecidas por cada cultura podem parecer arbitrárias às crianças. Algumas são, outras não. Escrevemos as palavras por extenso, mas os números não. Cada algarismo assume um valor de acordo com a posição que ocupa no número, como no exemplo anterior.

Quando os alunos vão se tornando cada vez mais autônomos para escrever qualquer número, não esquecem que o "2" significa, ao mesmo tempo, dois mil e duas mil unidades. Ter aprendido o valor posicional por meio de uma construção intelectual e cultural abre aos sujeitos da aprendizagem formas cada vez mais simples e econômicas de lidar com o algoritmo para fazer operações matemáticas.

Por outro lado, escrevemos as palavras e os números da esquerda para a direita[16], mas quando vamos armar a conta no algoritmo da soma e da subtração temos que fazer ao contrário, ou seja, da direita para a esquerda.

Dessa forma, dentro da teoria de Piaget, a experiência enquanto ação do sujeito e a aprendizagem enquanto aquisição de conhecimento, ou formas de atuação, são fatores de desenvolvimento, mas não são suficientes para explicá-lo, pois ao fator equilibração é atribuído o papel de auto-regulação e integração dos demais fatores.

Conseqüentemente, a aprendizagem, dentro do sistema de Piaget, depende do estágio de desenvolvimento alcançado pelo sujeito, na medida em que a abordagem da realidade está na dependência dos esquemas assimiladores e das possibilidades de acomodação aos objetos.

16 Em outras culturas pode ser da esquerda para a direita ou verticalmente.

Se por um lado os mecanismos de organização e adaptação já mencionados são comuns à espécie humana, por outro, os indivíduos pertencem a meios sociais distintos.

Nesse sentido, Piaget adverte que, tão importante quanto diferenciar no terreno psicobiológico as potencialidades epigenéticas das equilibrações efetivas, é diferenciar os fatores sociais, coordenações interindividuais e transmissões educativas e culturais.

As coordenações interindividuais são comuns a toda situação de vida em grupo, já que certas formas de contatos sociais, como troca de informação, formas de colaboração e oposição fazem parte do processo de socialização indispensável a qualquer sociedade. O intercâmbio entre pessoas da mesma faixa etária ou entre gerações é, portanto, uma constante, independente das características particulares de cada cultura.

No entanto, cada grupo possui pautas de socialização que lhe são específicas, e é nas peculiaridades de cada uma que se deve pensar quando as pesquisas transculturais evidenciam que, se a ordem dos estágios é constante, existem diferenças consideráveis no que se refere às idades médias em que as crianças atingem as características próprias de cada estágio, que trataremos no próximo subitem.

Em trabalhos como *Problemas de Psicologia Genética, Estudos Sociológicos, Psicologia da Inteligência*, etc., Piaget enfatiza a importância da vida social para a coordenação do pensamento do indivíduo:

> a lógica comporta regras ou normas comuns: ela é, pois, uma moral do pensamento, imposta e sancionada pelos outros. Tanto assim é, que a obrigação de não se contradizer não é simplesmente uma necessidade condicional (um imperativo hipotético) para quem se queira curvar às exigências das regras do jogo operatório; é também um imperativo moral (categórico), portanto exigido pelo intercâmbio intelectual e pela cooperação. (PIAGET, 1958, p.209)

É através de permutas interindividuais que a criança verifica que seus pensamentos podem ser aprovados ou reprovados, incentivados ou coibidos. Vai descobrindo pouco a pouco, à medida que amplia seus esquemas de assimilação, a existência de noções que lhe são exteriores, mas sobre as quais poderá atuar, ampliando sua compreensão do meio físico e social circundante, como vimos nos exemplos anteriores.

Se o meio ao qual pertence a criança não apresenta dinamismo intelectual, se a cultura se caracteriza pelo pensamento coletivo cristalizado que atua de forma coercitiva sobre os membros do grupo, então pouca margem de flexibilidade de pensamento será concedida, ocasionando atraso geral no desenvolvimento[17].

Piaget é, portanto, coerente com sua posição interacionista quando freqüentemente se baseia no argumento de que em meios sociais e culturais distintos constata-se o aparecimento dos estágios em idades mais tardias em relação às crianças européias. E mais: que o meio social pode chegar até a impedir a sua manifestação, principalmente em relação ao estágio das operações formais.

A transmissão social, a educação, embora não sendo vista por Piaget como condição suficiente é, no entanto, dentro de sua teoria, concebida como condição necessária para o desenvolvimento cognitivo.

A construção de estruturas cada vez mais equilibradas no sentido de antecipação e compensação das perturbações resulta, portanto, do duplo jogo das abstrações reflexivas e do processo de equilibração.

Pelas abstrações reflexivas, o sujeito conquista, tanto os conteúdos, como os esquemas de ação e as operações, e pelo processo de equilibração o sujeito integra estes novos instrumentos cognitivos em sistemas de conjuntos cada vez mais abrangentes em termos dos objetos do conhecimento e mais dinâmicos na forma de conhecê-los.

Na medida em que, para Piaget, o processo de equilibração integra os demais fatores que atuam no desenvolvimento, sua ocorrência e o produto da mesma é função das condições orgânicas (equipamento orgânico e maturação) e das oportunidades de experiências decorrentes do meio físico e social.

Como para Piaget o modelo de desenvolvimento cognitivo caracteriza-se pela probabilidade seqüencial, ou seja, cada fase depende dos resultados alcançados na fase imediatamente anterior, faz-se necessário analisar as principais características de cada estágio.

---

17 Conferir com os resultados da pesquisa realizada por Luria, já citada.

Períodos do desenvolvimento cognitivo

A apresentação das características próprias de cada período deve ser precedida por considerações gerais que esclareçam a posição de Piaget sobre a própria noção de período de desenvolvimento ou estágio.

Para Piaget, só se pode falar em estágio quando determinadas condições são satisfeitas. Indica três:

> 1) seja constante a sucessão dos comportamentos independentemente das acelerações ou retardamentos que podem modificar as idades cronológicas médias em função da experiência adquirida e do meio social (como aptidões individuais);
> 2) seja definida cada fase não por uma propriedade simplesmente dominante mas por uma estrutura de conjunto, que caracteriza todos os comportamentos novos próprios desta fase;
> 3) essas estruturas apresentam um processo de integração tal que cada uma delas seja preparada pela precedente e se integre na seguinte. (PIAGET, 1973, p.27-8)

Cada estágio comporta internamente um nível de preparação e um de acabamento, ou, em outras palavras, processos de formação ou de gênese e as formas de equilíbrio finais (se bem em termos relativos) ou de realização.

A fase preparatória de cada estágio se caracteriza por não apresentar uma organização firme e estável, o que se evidencia no fato de que, diante de determinada situação-problema, a criança adota um comportamento hesitante ou impróprio por não ter alcançado a plena organização da nova estrutura intelectual.

Uma vez alcançado o período de realização, as propriedades do estágio formam uma estrutura de conjunto.

Durante o processo de desenvolvimento, uma mesma operação pode necessitar de um intervalo de tempo para poder ser aplicada a dois conteúdos diferentes, dentro do mesmo estágio. No período das operações concretas, a conservação de quantidades antecede em média dois anos a de conservação de peso. Quando a criança é capaz de generalizar a operação a ponto de aplicá-la ao novo conteúdo, Piaget considera que houve uma decalagem horizontal, ou seja, uma mudança qualitativa no mesmo estágio. Um mesmo estágio comporta, portanto, uma certa heterogeneidade de possibilidades cognitivas. Por outro lado, uma mesma estrutura pode apresentar identidade de conteúdo, mas necessitar de níveis distintos de funcionamento, ou seja, operações qualitativamente diferentes. Um mesmo percurso que compreende desvios e retornos e é realizado concretamente pela criança no final do período sensório-motor, necessita do plano da representação mental para ser descrito ou desenhado, ou seja, para ser realizado simbolicamente.

Neste caso houve uma decalagem vertical, o que significa diferença entre estágios.

Dadas as características específicas que evidenciam as mudanças qualitativas entre os períodos do desenvolvimento, optou-se pela divisão em quatro grandes fases. Esta observação prende-se ao fato de que, em algumas obras, Piaget refere-se a três períodos: sensório-motor, operações concretas e operações formais. Em outros momentos menciona quatro períodos, pois separa a fase que vai dos 2 aos 10-11 anos, em período pré-operacional e operacional concreto, este iniciando-se aos 7-8 anos.

O surgimento da reversibilidade, que torna possível a operação lógica, apresenta-se como critério de diferenciação marcante entre os períodos, sendo esta a razão para a adoção, neste livro, da divisão em quatro períodos.

No primeiro período, chamado sensório-motor, que compreende do nascimento até por volta dos 2 anos, a criança se utiliza dos esquemas de ação no seu relacionamento com os estímulos. As ações não se sucedem de forma aleatória. A criança se utiliza de formas que se repetem em situações análogas. São sistemas de movimentos e percepções coordenados entre si como apanhar objetos, sacudi-los, juntá-los, que se constituem em esquema de reunião, esquema de ordem, etc.

Piaget chama esquema de ação "o que numa ação é transponível, generalizável ou diferencial de uma situação à seguinte, ou seja, o que há de comum nas diversas repetições ou aplicações da mesma ação". (PIAGET, 1973, p.16)

De fato, a consolidação pelo exercício de alguns reflexos complexos, como o de sucção, e as aplicações em situações que variam em razão das modificações do meio, fortuitas ou não (sugar o dedo, a mamadeira, etc.), dão início à formação dos esquemas de ação.

A assimilação e a acomodação evoluem de um estado de indiferenciação caótica para um estado de crescente diferenciação com coordenação correlativa.

No início, um objeto qualquer é assimilado pela criança como algo oferecido à sua própria ação, como sugar, olhar, agarrar. Através da coordenação da visão e da apreensão surgem, por volta dos 4 meses, comportamentos que visam repetir uma ação, que foi casual de início, mas que, ao produzir um "espetáculo interessante", faz com que a criança repita intencionalmente, ligando sua ação ao efeito produzido. Para Piaget, este é o início, ainda sensório-motor, da construção da relação causa e efeito.

Outra conquista importante neste período é a permanência do objeto. Até aproximadamente nove meses o objeto só existe para a criança quando o vê. Por objeto estamos nos referindo a pessoas, brinquedos, chupetas, etc.

Quando a criança, em vez de apenas chorar quando não vê, procura o objeto, o faz porque sabe que ele continua existindo. O mundo vai-se tornando mais estável porque não depende de sua percepção.

O período *pré-operacional* ou *instintivo*, que vai aproximadamente dos 2 aos 7 anos, tem como mudança qualitativa mais marcante o alcance da função semiótica que compreende a linguagem, o jogo, a imitação e o desenho. A função semiótica permite à criança agir não mais apenas no plano da ação motora e da percepção, mas ela pode representar um significante por meio de um significado, atribuindo, inclusive, mais de um significado aos objetos. Quando transforma uma vassoura em um cavalo, a criança substitui um objeto ausente (cavalo) e o representa pela vassoura.

É evidente que durante um longo período e com a coerência dos fatores do desenvolvimento, já analisados, presentes, ela cada vez se expressará melhor por meio da fala, das brincadeiras das imitações, como nas representações, etc. É capaz de fazer narrativas sobre acontecimentos ou fabulações.

Com conquistas marcantes, a criança neste período apresenta as seguintes características:

- mesmo com um crescente progresso na socialização, a criança mantém-se como referência para a *percepção do mundo*. Piaget chamou de pensamento egocêntrico. O egocentrismo se caracteriza por ter o próprio eu como foco através do qual a criança percebe e julga as situações. A criança não consegue se colocar no lugar do outro e compreender o ponto de vista deste outro. Não se trata de egoísmo, não tem conotação moral.

É nas relações interpessoais que a criança vai compreendendo que os outros também percebem as situações de outros pontos de vista e vai aos poucos descentrando o pensamento. Vivenciar vários personagens em jogos simbólicos, dramatizações, também colabora para a descentração do pensamento.

- como tem seu pensamento muito marcado pela percepção, este não é capaz de inverter, reverter as ações ou prever resultados. Esta é a irreversibilidade do pensamento que só será alcançado com as operações;
- seu pensamento é predominantemente pré-lógico: atribui sentimentos a objetos (animismo); reúne totalidades no campo cognitivo usando relações inteiramente subjetivas (sincretismo); pode não estabelecer fronteiras entre o que é percebido e o que é pensado ou imaginado (realismo);
- no início do período, quando inicia a tomada de consciência do seu eu em oposição aos demais, expressa-se pela *fase do não* quando se opõe à vontade dos outros pela negação;
- a fase dos porquês é indicativa de sua grande curiosidade em explorar e conhecer o mundo que a cerca;
- ao lidar com objetos, se solicitada a classificá-los, não é ainda capaz. Organiza figuras geométricas, por exemplo, montando casas, trens ou outras composições, as quais Piaget denominou *coleções figurais*. Trata-se de uma fase pré-conceitual.

Esta fase da infância passou a ter grande importância na medida em que se reconhecia que a criança não era um adulto em miniatura (ROUSSEAU, séc. XVIII) e que, portanto, tinha características próprias de um ser em desenvolvimento, para o qual novos métodos, novos recursos e linguagens tinham que ser concebidos. Foi o que fizeram Montessori, Freinet, Dewey[18].

Por volta dos 6-7 anos (sem rigor cronológico), nova mudança qualitativa ocorre. Predominantemente, sem saber o porquê, pais, professores, religiosos, consideravam que a criança tinha entrado na *idade da razão*, podendo iniciar sua escolarização e fazer a 1ª comunhão (para os de religião católica). Hoje, graças principalmente à teoria piagetiana, sabe-se que a mudança notada decorre da reversibilidade do pensamento, que torna possível uma operação mental, ou seja, uma ação reversível realizada mentalmente, mesmo que seja sobre objetos concretos.

Um aluno que domina o conceito de multiplicação compreende que 8 x 0 = 0 (oito vezes zero é igual a zero) porque a multiplicação é a soma de parcelas iguais, e, se somarmos oito vezes nada (0), continuaremos com zero.

Saberá, também, que 0 x 8 = 0 (zero vezes oito é igual a zero) porque não se somou nenhuma parcela que tivesse o número oito. Poderá entender, também, que 8 x 1 = 8 (oito vezes um é igual a oito) porque só havia um oito e, portanto, nenhum oito foi somado, uma vez construída a noção de operação.

Como estas são reversíveis, saberá que a "subtração é o contrário da adição", que a "divisão é o contrário da multiplicação", que "radiciação é o contrário da potenciação".

Assim, uma operação concreta é uma ação que transcende à imagem e à percepção. Na presença de um fenômeno físico, a compreensão se dá na medida em que há uma transformação dos dados pela dissociação dos fatores, que podem ser variados separadamente, o que significa que os mesmos não são apenas categorizados, mas produzidos. Graças à descentração o sujeito pode dar cada vez mais atenção tanto às transformações como aos estados dos objetos. Ao atingir as operações concretas, por volta dos 7 anos, a criança está apta a se comportar "diante de uma ampla variedade de tarefas, como se uma organização assimilativa rica e integrada estivesse funcionando em equilíbrio com um mecanismo acomodativo precisamente ajustado e discriminativo". (FLAVELL, 1975)

18 Na história da Educação, outros inovadores são mencionados, tais como Pestalozzi (1746-1827) e Froebel (1782-1852), entre outros.

As operações mentais formam sistemas, já que duas ações podem ser combinadas, dando origem a uma terceira. As propriedades estruturais são definidas pelas características de conjunto. Uma operação não existe num estado isolado, mas sempre faz parte do sistema que a engloba e a torna possível. Assim, para Piaget, o sujeito que é capaz de agrupar objetos em classes lógicas, o faz por já ter alcançado uma orientação classificatória mais geral.

Operar com classes significa poder abstrair e generalizar a partir das qualidades comuns e diferenças específicas dos elementos que a compõem, definindo-os por compreensão dos co-participantes e distinguindo os membros de uma classe e os de outra. Significa também estabelecer as relações da parte com o todo (inclusão, dependência inclusiva), manipulando os quantificadores intensivos "todos", "alguns", "um" e "nenhum".

A compreensão e a extensão permitem uma correspondência de tal natureza que se conhecendo uma se pode reconstruir a outra e reciprocamente.

A outra operação que forma um sistema de conjunto é a seriação, na qual a reversibilidade se manifesta na possibilidade de utilizar as relações *menor que* e *maior que* de modo simultâneo. Até a etapa anterior, pensamento intuitivo, estas relações já são compreendidas, mas o sujeito as utiliza de maneira não coordenada, pois a antecipação e a retroação ainda não se tornaram solidárias.

Como conseqüência da capacidade de classificar e seriar, a criança que atingiu o período das operações concretas é capaz de dominar a noção de número.

Para Piaget, um número inteiro é uma coleção de unidades iguais entre si, ou seja, uma classe cujas subclasses se tornam equivalentes pela supressão das qualidades. Mas, ao mesmo tempo, é uma série ordenada ou melhor, uma seriação de relações de ordem. A dupla natureza de ordinal e cardinal resulta de uma fusão dos sistemas de encaixamento e de seriações lógicas e é o que explica sua aparição contemporânea à das operações qualitativas. (PIAGET, 1976, P.55)

A capacidade de classificar e seriar própria do período concreto não incide, para Piaget, apenas sobre uma propriedade do objeto em termos de operações aditivas. Em várias obras como *A epistemologia genética*, *Gênese das estruturas lógicas elementares*, *Tratado de psicologia experimental*, Piaget afirma que o sujeito aos 7 ou 8 anos é capaz de operar com estruturas multiplicativas tão bem quanto com as aditivas. Neste momento, terá início o quarto período do desenvolvimento, denominado por Piaget período formal ou proposicional.

O que caracteriza basicamente o período que se inicia por volta dos 11-12 anos é a subordinação do real ao possível, obtida pela dedução necessária de hipóteses formuladas graças à combinatória de operações que se tornaram independentes do concreto e conseqüentemente alcançaram flexibilidade máxima.

Para alcançar o nível de realização do pensamento formal final, algumas conquistas iniciais são necessárias.

A flexibilidade do pensamento formal se torna possível graças à combinatória de operações, que pode ser utilizada pelo sujeito na tentativa de encontrar uma solução explicativa para uma situação-problema para a qual não tem resposta, mas em relação à qual já é capaz de perceber lacunas e, portanto, se sentir desafiado.

Se as suas formas de abordar os problemas não se mostram satisfatórias, pois seus resultados se apresentam pouco coerentes e até contraditórios, o pré-adolescente passa a utilizar, de forma mais sistemática, uma atitude *experimental*, já iniciada nas operações concretas, mas ainda não de forma generalizada, que é a dissociação de fatores.

No período concreto, o sujeito é capaz de, uma vez identificados os fatores presentes numa dada situação, dissociá-los para decidir qual o papel desempenhado por cada um deles. No nível concreto, o sujeito dissocia por *negação*, ou seja, ele elimina um fator, apenas por uma das formas de reversibilidade. Quando não pode excluir determinado fator, não é capaz de anulá-lo pela outra forma de reversibilidade, que é a reciprocidade. Já o sujeito do período formal é capaz de, simultaneamente, utilizar as duas formas de reversibilidade, o que lhe permite o controle sistemático das influências, tanto isoladas, quanto recíprocas entre os fatores.

O controle dos fatores depende, assim, por um lado, da dissociação dos mesmos e das formas de reversibilidade com as quais pode operar, e por outro lado da qualidade das combinações que o sujeito é capaz de realizar.

Ainda no período concreto, a criança é capaz de combinar objetos, mas de forma não-sistemática e, portanto, não-exaustiva.

Ao ultrapassar a necessidade de apoiar-se diretamente nos objetos, nas relações e nas classificações, há uma liberação da forma em relação ao conteúdo. Com isso, é possível ao sujeito operar com qualquer classe e qualquer relação. A generalização dessas operações torna possível realizar a classificação de todas as classificações, que é a combinatória e a construção de relações entre relações, como é, por exemplo, a noção de proporção.

A combinatória e a noção de proporcionalidade são operações de segunda potência, já que se realizam sobre as operações concretas que se apóiam no real. Exemplo significativo dessa nova propriedade cognitiva, própria do período formal, é a possibilidade de lidar com a noção de probabilidade.

Com o advento das operações concretas, o sujeito começa a ordenar e organizar o que é possível e sujeito a leis. Aos poucos, vai descobrindo que sobre determinados fenômenos uma previsão segura não é possível, mas pode apenas supor com níveis distintos de probabilidade de ocorrência.

No entanto, a plena diferenciação entre certeza e probabilidade só é alcançada no período das operações formais, pois depende da capacidade de pensar em termos de combinações e proporções, a primeira permitindo levar em consideração todas as associações possíveis entre os elementos em jogo, e a segunda permitindo ao sujeito compreender como 3/9 ou 2/6 são iguais entre si.

Essas novas possibilidades cognitivas

> que conduzem à descoberta da lógica formal das proporções, consistem, portanto, em: 1) dissociar a realidade bruta, e, portanto, os conteúdos estruturados apenas pelas operações concretas, de maneira a coordenar os resultados dessas operações, em função das diversas combinações possíveis; 2) coordenar os diversos agrupamentos de classes e de relações num único sistema total. (INHELDER & PIAGET, 1976, p.212)

Assim, para Piaget, o pensamento formal não consiste simplesmente na possibilidade de lidar com enunciados verbais, mas sim

> numa série de possibilidades operatórias novas, formadas por disjunções, implicações, exclusões, etc., que intervêm desde a organização da experiência e desde a leitura dos dados de fato,

> e se superpõem, nesse terreno, até aos simples agrupamentos de classe e de relações. (idem, p.190)

É dessa forma que se vai tornando possível a inversão de sentido entre o real e o possível.

Se no período concreto a criança é capaz de imaginar ações e eventos possíveis, isso não significa que esteja efetivamente levantando hipóteses, já que estas implicam imaginar como deveria ser o real, se uma determinada condição hipotética fosse satisfeita. O possível, para o pensamento concreto é, como já mencionado, apenas um prolongamento do real. No período formal, o real pressupõe uma verificação, após ter sido tomado como um entre os casos possíveis.

> em vez de apenas introduzir um início de necessidade no real, como ocorre nas inferências concretas (fundamentadas na transitividade das inclusões de classes ou de relações), realiza desde o início a síntese entre o possível e o necessário, deduzindo com rigor as conclusões de premissas, cuja verdade inicialmente é admitida apenas por hipóteses, e, assim, vai do possível ao real. (idem, p.189)

O pensamento do adolescente que atingiu o período formal é, portanto, um pensamento hipotético-dedutivo. Ao sentir-se capaz de criar teorias que se distanciam do real o adolescente freqüentemente dá livre expansão ao seu pensamento questionador, tanto no campo filosófico, como político, estético, etc.

Mas, da mesma forma como em períodos anteriores, o sujeito deve adaptar-se efetivamente às suas novas formas de lidar com o real. Os novos poderes que advêm das possibilidades de levantar hipóteses perturbam inicialmente, tanto o pensamento, como a efetividade.

Assim, no início da adolescência, o sujeito incorpora o mundo através de seus esquemas assimiladores que retomam o caráter egocêntrico, na medida que privilegiam o eu, colocando-o como ponto de referência principal da reflexão, como se o mundo é que devesse submeter-se aos seus projetos e não estes à realidade.

Cabe aos mecanismos da acomodação possibilitarem o equilíbrio através da aproximação entre o pensamento formal e a realidade.

O novo estágio é qualitativamente superior pela nova forma de equilíbrio entre assimilação e acomodação, que é atingido para Piaget

> quando a reflexão compreende que sua função não é contradizer, mas se adiantar e interpretar a experiência. Este equilíbrio, então, ultrapassa amplamente a do pensamento concreto, pois, além do mundo real, engloba as construções indefinidas da dedução racional e vida interior. (PIAGET, 1976, p.65)

Piaget e a educação: breves indicações

Piaget foi fundamentalmente um epistemólogo, ou seja, estava interessado em saber como se constrói o conhecimento pelo *sujeito epistêmico*. Ao estabelecer as estratégias para, a partir do recém-nascido até o adolescente/jovem, teorizar sobre as mudanças qualitativas e os mecanismos ou invariantes funcionais, pesquisou crianças e adolescentes, como já foi abordado em itens anteriores.

Como decorrência desse seu trabalho teórico-empírico, é muito freqüente encontrarmos conclusões opostas entre aqueles que se referem a Piaget. Ora é visto até como um *pedagogo*, um psicólogo, ora como alguém que só se interessou por um ser abstrato, possuidor de estruturas lógico-matemáticas.

As posições extremas são equivocadas. Basta considerar a ampla produção científica de Piaget e conhecer sua biografia para ver que ele se interessou pela Educação por diferentes formas e meios.

Piaget foi membro do Conselho Executivo da Educação[19], da UNESCO, escreveu livros sobre a educação, sociologia e julgamento moral, proferiu conferências sobre educação para a paz, cooperação, escola nova, trabalho em grupo; entre outros livros: *Para onde vai a educação*, *Psicologia e pedagogia* e um livro *Sobre a pedagogia*; textos inéditos devem ser consultados para melhor compreender o que Piaget pensava sobre a educação de sua época, ou seja, na metade do século XX.

Piaget deixa bem claro, em mais de uma oportunidade, suas expectativas no sentido de mudanças educacionais. Uma delas se refere às suas conclusões de como se dá a construção de conhecimento.

---

19 Agência Internacional de Educação.

Em entrevista a Evans (1979), ao mencionar a importância de tirar o aluno da posição passiva, Piaget afirma, ao criticar as pseudo-atividades: "As experiências são feitas na frente da criança, mas ela não é o experimentador."

Continuando a discorrer sobre o papel do professor e dos alunos, Piaget esclarece:

> mas é importante que os professores forneçam às crianças materiais e situações que lhes permitam caminhar nessa direção. Não é só uma questão de permitir que as crianças façam qualquer coisa. É uma questão de apresentar situações que ofereçam novos problemas, problemas que desencadeiam outros. É uma *mistura de direcionamento* e *liberdade.* (1979, p.80 - grifos meus)

Esta frase é de extrema importância, pois muitas pessoas interpretaram a expressão *desenvolvimento espontâneo* como deixar a criança/aluno fazer o que quiser.

Certa ocasião fui convidada a realizar minicursos com diretores de uma Rede de Ensino de um Estado da Federação, pois estes estavam sem entender o que os professores estavam fazendo depois de terem tomado conhecimento de que para Piaget o desenvolvimento era espontâneo. Após explicar os fatores do desenvolvimento e o modelo psicogenético de Piaget, os diretores identificaram duas coisas: o não entendimento da teoria de Piaget e a falta de exemplos concretos de como atuar. Os minicursos foram considerados altamente esclarecedores e asseguraram que novo diálogo poderia e deveria ser estabelecido nas escolas, com vistas a reencaminhar a proposta pedagógica.

Se existem objetivos, se a disciplina se constitui de conceitos e relações entre conceitos, os alunos precisam saber o que estão procurando, discutindo, explorando, a fim de responder a perguntas pertinentes a uma determinada área de conhecimento.

Aqui se aplica o que já foi mencionado anteriormente: do figurativo ao operatório e do fazer ao compreender.

A excelente professora Anna Maria Pessoa de Carvalho oferece exemplos riquíssimos no ensino de Física para crianças[20].

20 Conferir em CARVALHO, A . M. P. de. *Física: proposta para um ensino construtivista.* São Paulo: EPU, 1989.

Recomendo a leitura de outros autores que se apropriaram de sua obra para a educação, tais como Hans Haeble, Hans Furth, Ruth Beard, Constance Kamii, Emília Ferreiro e tantos outros.

A respeito da importância da teoria de Piaget para subsidiar a Educação, podemos finalizar este item com as considerações de Grégoire:

> O curioso é que a maioria dos autores cognitivistas que lidam com as aprendizagens matemáticas não faz nenhuma referência a Piaget. Embora evidentemente menos *psicológico*, o ponto de vista piagetiano não entra, entretanto, em contradição com o dos cognitivistas. Ao contrário, é uma fonte essencial de informações para ajudarmos a entender certos erros e certas dificuldades da aprendizagem em Matemática.
> Conforme veremos mais adiante, essa ignorância dos trabalhos piagetianos leva certos pesquisadores a redescobrir o que já fora evidenciado 50 anos antes por Piaget e seus colaboradores. (GREGOIRE, 2000. p.33)

2.3 - Vygotsky, Luria e colaboradores: como o desenvolvimento humano pode ser produto do desenvolvimento histórico geral

Um século para ser reconhecido no mundo: algumas considerações

Quaisquer referência e síntese do pensamento de Vygotsky devem ser precedidas de algumas informações necessárias, já que, por questões históricas, lingüísticas e pessoais suas obras não se apresentam ao leitor tal como estamos habituados, mesmo quando se trata de autores estrangeiros.

A obra de Piaget, por exemplo, de que tratamos nos itens anteriores, é difícil em muitas ocasiões porque seu estilo não é fácil e sua teoria é inovadora, mas seus livros e artigos foram publicados ao longo de sua vida, traduzidos do francês com o autor vivo, até 1980. Teve, portanto, tempo para *discutir* com seus críticos, à exceção justamente de Vygotsky, que teve acesso aos dois primeiros livros de Piaget, mas este só conheceu sua obra vinte e cinco anos depois de sua morte.

Luria afirma que o livro *A linguagem e o pensamento da criança* foi estudado cuidadosamente pelo grupo de Vygotsky e colaboradores. Apesar do desacordo fundamental na interpretação da relação entre linguagem e pensamento, o grupo concluiu que o estilo de sua pesquisa, especialmente o uso que faz do método clínico no estudo do processo cognitivo individual, era compatível com os objetivos do grupo liderado por Vygotsky, principalmente para descobrir as diferenças qualitativas que se processam em crianças de diferentes idades. (LURIA, 1991, p.21)

Da leitura de prefácios e textos de organizadores da obra de Vygotsky (SKEINER, SAUBERNAN, COLE e SCRIBNER, 2003; HANFMANN e VAKAR, BRUNER, 1987; LURIA, 1991; CIPOLLA - NETO et al., 1991), bem como comentários de outros autores ao longo de seus textos, tem-se uma visão mais consistente de como um autor pode vir a ter importância diferenciada em momentos tão distantes ao longo de um século.

Para que isso ocorresse foram decisivas lutas internas (teóricas e ideológicas) dentro da implantação de uma concepção materialista histórica em uma determinada sociedade, como resultado de uma Revolução que criou uma nova realidade política, econômica, social e cultural, a União Soviética, a partir de 1917.

Vygotsky nasceu em 1896, antes da Revolução de 1917, mas iniciou sua carreira como professor de Literatura e Psicologia em pleno período revolucionário. Estudou Medicina. De 1925 a 1934, lecionou Psicologia e Pedagogia em Moscou e Leningrado, buscando superar a crise entre a psicologia mecanicista (estímulo-resposta) e o modelo idealista/racionalista que atribuía à maturação biológica as funções intelectuais do adulto.

> Vygotsky via nos métodos e princípios do materialismo dialético a solução dos paradoxos científicos fundamentais com que se confrontavam seus contemporâneos. Um ponto central desse método é que todos os fenômenos sejam estudados como processos em movimentos e em mudança.
>
> Em termos de objeto da psicologia, a tarefa do cientista seria reconstruir a origem e o curso do desenvolvimento do

> comportamento e da consciência. (COLE e SCRIBNER, 2003, p.8)

Vygotsky exerceu atividades em vários institutos e departamentos de Psicologia, formando um grupo de pesquisadores entusiasmado com suas idéias e formas de investigá-las. Dentre os mais importantes destacam-se Luria (1902-1977) e Leontiev (1903-1979). Criaram um laboratório de pesquisas em Kharkov. Sua produção teve condições de ter continuidade graças aos trabalhos de Luria e Leontiev após sua morte prematura em 1934.

Por razões históricas, Vygotsky foi praticamente ignorado no Ocidente até 1962, quando foi feita a primeira tradução inglesa de seu livro. Isto não ocorreu por acaso. Também na União Soviética sua obra ficou proibida por se opor à corrente ideológica vitoriosa[21]. Todas as revistas de psicologia mais importantes deixaram de ser publicadas por quase 20 anos. O livro *Pensamento e linguagem* foi proibido em 1936, dois anos após ter sido publicado, só sendo reeditado em 1956.

Quanto aos problemas de edição, há consenso de que não foi tarefa fácil. Luria foi de grande importância, auxiliando os editores americanos e ingleses.

> O trabalho de reunir obras originalmente separadas foi feito com bastante liberdade. O leitor não deve esperar encontrar uma tradução literal de Vygotsky, mas sim uma tradução editada da qual omitimos as matérias aparentemente redundantes e à qual acrescentamos matérias que nos parecem importantes no sentido de tornar mais claras as idéias de Vygotsky. Como outros editores notaram, o estilo de Vygotsky é extremamente difícil. Ele teve uma produção escrita abundante e muitos de seus manuscritos nunca foram adequadamente editados. Além disso, durante os freqüentes períodos de doença, ele ditava seus trabalhos - uma prática que resultou num texto repetitivo, elíptico e denso. (JOHN-STEINER et al. 2003, p.XIV)

21 Conferir textos dos coordenadores do livro *A formação social da mente*, responsáveis pela organização do material contido nos capítulos escritos por Vygostky. Entre outras informações interessantes são explicitadas as lutas internas no Instituto de Psicologia de Moscou nas duas primeiras décadas do século XX.

Hanfmann e Vakar também confirmam as dificuldades apontadas. Outros pontos importantes sobre a obra de Vygostky podem ser assim resumidos: sua produção escrita não chega a ser um sistema explicativo articulado, suas pesquisas nem sempre trazem informações explícitas sobre o método e sobre os resultados (sistematização dos mesmos), a tradução do russo traz problemas sérios. A palavra *obuchenie* não tem uma tradução perfeitamente equivalente em inglês (e português). Ora é traduzido como ensino, ora aprendizagem, ora como instrução (OLIVEIRA,1955).

Como Vygotsky atribui importância à Educação, esta dúvida é preocupante para compreensão de seu pensamento.

A morte prematura de Vygotsky interrompeu uma carreira brilhante, da qual podemos resgatar hoje importantes contribuições. A atualidade dos temas tratados é o sinal mais evidente de que estamos diante de uma obra de maior significação. (CIPOLLA et al, 1991)

Posição epistemológica

Como já mencionamos, quando temos maior clareza do que o pesquisador está investigando, a partir de que questão ou questões são colocadas, do momento histórico em que transcorreu sua vida, fica mais fácil compreender suas *tentativas* de explicações ou mesmo suas teorias.

Se Piaget buscava como o pensamento lógico matemático se constrói e se supera, a pergunta de Vygotsky, como afirmam vários autores, como Castorina:

> não era se a lógica formalizava as ações, derivava de intuição de essências, ou generalizava os dados da experiência, mas se o pensamento podia aceder aos objetos de modo direto ou se era necessária a mediação de sistemas simbólicos. E como já insistimos diversas vezes, a tese defendida por Vygostky é que a cultura fornece aos indivíduos os sistemas simbólicos de representação e suas significações, que se convertem em organizadores do pensamento, ou seja, instrumentos aptos para representar a realidade. (1995, p.33)

Vygotsky, freqüentemente em sua obra, inicia a discussão do tema opondo correntes antagônicas para chegar finalmente à sua posição teórica.

Inicia seu livro *A formação social da mente* com duas comparações interessantes de como os psicólogos procuravam explicar o desenvolvimento das crianças.

Em primeiro lugar cita Karl Stumpf e seu modelo baseado na Botânica, pelo qual explicava o desenvolvimento pela maturação do organismo infantil. Até hoje perduram representações sociais arraigadas, tais como o *desabrochar* das crianças; durante muitos anos a educação infantil era realizada nos *jardins de infância*, etc.

Em seguida, a Psicologia adotou o modelo da Zoologia para explicar os comportamentos infantis. Estudos comparativos entre seres humanos e animais passam a ser cada vez mais freqüentes.

Não se pode negar que este novo modelo contribuiu para analisar as bases biológicas de alguns comportamentos mas, por outro lado, deixava a descoberto os processos intelectuais superiores[22].

Várias experiências e observações de crianças terminaram por definir ações de inteligência prática anteriores à fala.

Vygotsky discorda desses resultados afirmando que:

> Esta análise postulando a independência entre ação, inteligência e fala, opõe-se diretamente aos nossos achados, que, ao contrário, revelam uma integração entre fala e raciocínio prático ao longo do desenvolvimento. (2003, p.29)

O autor está, na verdade, interessado em especificar o desenvolvimento daquelas formas da inteligência prática detalhadamente humanas[23].

Uma das afirmações mais conhecidas de Vygotsky a esse respeito é a seguinte:

> o momento de maior significado no curso do desenvolvimento intelectual, que dá origem às formas puramente humanas de inteligência prática e abstrata, acontece quando a fala e a atividade prática, então duas linhas completamente independentes de desenvolvimento, convergem. (2003, p.33)

---

22 Em itens anteriores citamos pesquisas com chimpanzés e outros animais que foram utilizados, tanto pelos gestaltistas, quanto pelos reflexiologistas e behavioristas.
23 No item sobre os métodos de pesquisa adotados por Vygotsky e colaboradores, neste livro, pode-se recordar seus pressupostos que orientaram suas investigações.

A fala, que acompanha as ações práticas da criança, exerce um papel importantíssimo, na medida em que ajuda a criança a orientar suas ações. A interação entre percepção, fala e ação permite a internalização das ações, além de permitir *planejamento* e execução das mesmas. Trata-se de uma estrutura mental própria dos seres humanos, que permite a transição entre a fala exterior (verbalizada) e a fala interior.

Adquirindo uma função intrapessoal, além de sua função interpessoal, a fala passa a organizar sua própria atividade. "A história do processo de internalização da fala social é também a história da socialização do intelecto prático da criança." (VYGOTSKY, 2003, p.37)

Berg, em seu livro *Vygotsky`s theory*, faz uma afirmação bem significativa sobre a posição epistemológica do autor, à qual já fizemos referência em capítulo anterior.

> Assim como os instrumentos de trabalho mudam historicamente, os instrumentos do pensamento também se transformam historicamente. E assim novos instrumentos de trabalho dão origem a novas estruturas mentais. Tradicionalmente, pensava-se que coisas como a família e o Estado sempre tinham existido mais ou menos de forma atual. Da mesma maneira, tendia-se a encarar a estrutura da mente como algo universal e eterno. Para Vygotsky, todavia, tanto as estruturas sociais como as estruturas mentais têm de fato raízes históricas muito definidas, sendo produtos bem específicos de níveis determinados do desenvolvimento dos instrumentos[24].

Como lembra Coll et al. em seu livro *Psicologia da educação*:

> Os instrumentos (...) que caracterizam a atividade humana podem ser do tipo físico (as ferramentas que possibilitam que modifiquemos o ambiente) ou do tipo psicológico (os signos ou os sistemas de signos, a linguagem, concretamente, além de outros, como por exemplo, os sistemas numéricos, os sistemas de representação gráfica e, em geral, todo tipo de sistema convencional). (1999, p.100)

24 Apud John-Steiner e Souberman – Posfácio in: Vygotsky. 2003, p.45-46. Não tivemos acesso a esta obra de Berg.

Inspirado no materialismo histórico, Vygotsky argumenta que cada sociedade, com seus signos e instrumentos, oferece às crianças e aos adultos formas diferenciadas, meios para intervir de forma competente no seu mundo e em si mesma.

Incluem nestes meios e instrumentos culturais, os objetos que a criança manipula, a linguagem das pessoas que interagem com as crianças, seus brinquedos[25].

Sob a influência do pensamento de Marx, Vygotsky afirma que são as relações sociais que o indivíduo mantém com o mundo exterior que dão origem às formas superiores do comportamento consciente. Nestas relações com a realidade social e cultural, ou seja, com seu ambiente, o homem é um agente ativo no processo de criação desse meio.

Mas torna-se imprescindível explicar como se dá esta passagem das relações externas (com os objetos físicos ou simbólicos) para a formação interna, intrapsíquicas das funções superiores.

Vygotsky afirma: "Chamamos de internalização a reconstrução interna de uma operação externa." (2003, p.74) Como este conceito de internalização tem provocado muita discussão entre os estudiosos do pensamento do autor, julgamos oportuno reproduzir suas próprias explicações, embora por meio de uma longa citação.

Vale lembrar que, para Vygotsky, mesmo sendo um conceito característico da psicologia humana, à época conhecia-se apenas um esboço desse processo de internalização.

Em suas palavras:

> Como a descrição do apontar ilustra[26], o processo de internalização consiste numa série de transformações:
> a) Uma operação que inicialmente representa uma atividade externa é reconstruída e começa a ocorrer internamente. É de particular importância para o desenvolvimento dos processos mentais superiores a transformação da atividade que utiliza signos, cuja história e características são ilustradas pelo desenvolvimento da inteligência prática, da atenção voluntária e da memória.

---

25 Sobre brinquedo, consultar o capítulo 7 do livro *A formação social da mente, O papel do brinquedo no desenvolvimento*. Ver bibliografia.

26 Vygotsky refere-se ao gesto da criança que estende seu braço em direção a algo que deseja e alguém entrega o objeto à criança. O gesto, apontar, passa a ser utilizado quando a criança deseja indicar o que interessa.

> b) Um processo interpessoal é transformado num processo intrapessoal. Todas as funções no desenvolvimento da criança aparecem duas vezes: primeiro, no nível social, e, depois, no nível individual; primeiro, entre pessoas (interpsicológica) e, depois, no interior da criança (intrapsicológica). Isso se aplica igualmente para a atenção voluntária, para a memória lógica e para a formação de conceitos. Todas as funções superiores originam-se das relações reais entre indivíduos humanos.
> c) A transformação de um processo interpessoal num processo intrapessoal é o resultado de uma longa série de eventos ocorridos ao longo do desenvolvimento. O processo, sendo transformado, continua a existir e a mudar como uma forma externa de atividade por um longo período de tempo antes de internalizar-se definitivamente. Para muitas funções, o estágio de signos externos dura para sempre, ou seja, é o estágio final do desenvolvimento. Outras funções vão além no seu desenvolvimento, tornando-se gradualmente funções interiores. Entretanto, elas somente adquirem o caráter de processos internos como resultado de um desenvolvimento prolongado. Sua transferência para dentro está ligada a mudanças nas leis que governam sua atividade; elas são incorporadas em um novo sistema com suas próprias leis. (2003, p.75)

Coll et al. apresentam a seguinte citação:

> Não surpreende que a linguagem, que intervém na qualidade de mediador das interações sociais e do funcionamento mental, tenha um papel privilegiado no processo de internalização. A internalização, ou seja, a passagem de uma função a partir do plano social até o plano mental, produz-se quando a criança começa a utilizar sozinha os signos que tem utilizado com adultos para regular a sua atividade. A internalização faz referência ao domínio e ao controle que a criança tem em relação aos signos sociais, especialmente aos signos que servem para a regularização social do comportamento. O domínio e o controle dos signos são manifestados à medida que o adulto e a criança compartilham progressivamente os significados, mas também, mais especificamente, no uso ativo e espontâneo que

> a criança faz do sistema de signos para regular a sua própria atividade[27]. (1999, p.107)

Mas faz-se necessário ter presente que, embora a linguagem seja tão importante para a formação das funções superiores, há um longo processo de desenvolvimento até as pessoas dominarem o significado das palavras. Vygotsky afirma a respeito:

> A experiência prática mostra também que o ensino direto de conceitos é impossível e infrutífero. Um professor que tenta fazer isso geralmente não obtém qualquer resultado, exceto o verbalismo vazio, uma repetição de palavras pela criança, semelhante à de um papagaio, que simula um conhecimento dos conceitos correspondentes, mas que na realidade oculta um vácuo. (1987, p.72)

O autor argumenta que o atingimento de um certo nível de desenvolvimento é necessário, porque o conceito é mais do que a simples soma de certas conexões associativas feitas pela memória. Quando assim se contrapõe ao reflexiologismo (Pavlov e outros), considera a construção do conceito um ato real e complexo, pois exige uma generalização e graus de abstração. E mais, como função psicológica superior, a formação dos conceitos ou significados das palavras pressupõe "atenção deliberada, memória lógica e capacidade de comparar e diferenciar". (1987, p.72)

A importância da linguagem no desenvolvimento

Para Vygotsky e Luria, o elemento fundamental da linguagem é a palavra, pois é por meio de palavras que designamos as coisas, individualizamos suas propriedades e características.

As palavras podem designar ações, relações, reúnem e separam objetos em categorias. Enfim, a palavra codifica nossa experiência.

---

27 Esta citação consta do livro *Vigotsky and educacion*, de L. Moll (ed) Cambridge. Cambridge University Press. 1990, reproduzida no livro *Psicologia da educação* de Coll et al. Ver bibliografia.

Para Luria:

> Pouco sabemos a respeito da pré-história da linguagem, sobre sua origem histórico-social, e podemos apenas fazer suposições a respeito da palavra na *ontogênese*, no desenvolvimento da criança pequena (...) o desenvolvimento transcorre no processo de assimilação da experiência geral da humanidade e da comunicação com os adultos. (1987, p.29 - grifo do autor)

Se a criança recém-nascida e nos primeiros meses emite sons variados, não são esses que se transformarão nas palavras. Há sempre uma ação e uma tentativa de comunicação com os adultos. Os sons expressam *estados*, mas as palavras são dirigidas aos objetos.

Paulatinamente a palavra começa a se separar da ação e passa a ter maior autonomia em designar as coisas.

Por volta dos 2 anos, há um incremento do vocabulário que passa a englobar objetos, ações, qualidades e, mais adiante relações. Dessa forma, a principal função da palavra é o seu papel designativo, também chamado denotativo ou referencial.

Vygotsky chama esta função dentro da Psicologia de *referência objetal*, como função de representação, de substituição do objeto.

Assim, a criança e, conseqüentemente, o adulto duplicam a realidade, pois podem falar sobre as coisas na ausência das mesmas.

Mas, como lembra Luria, a palavra não é apenas um rótulo. A estrutura semântica da palavra é bastante complicada, e a Lingüística vem demonstrando isto[28].

Dessa forma, a criança passa por um processo de mudanças qualitativas na forma como relaciona palavra e objeto representado. Pode-se perceber que nem sempre a criança compreende as palavras pela forma incorreta como as utiliza, etc.

As referências objetais vão se formando gradualmente, e as pessoas que falam, interlocutores, como falam, de que posição falam, também, podem facilitar ou dificultar a compreensão da criança (e em muitos casos dos adultos).

---

28 Luria apresenta uma série de exemplos de homônimos, concluindo que a plurissignificação das palavras é mais freqüente do que parece, e a polissemia é antes uma regra de linguagem do que uma exceção. (LURIA. 1986, p.34)

O nível de familiaridade cultural e o nível de abstração da palavra também são aspectos relevantes para a comunicação.

O segundo componente fundamental da palavra é o seu *significado*, compreendido por nós como a função de separação de determinados traços no objeto, sua generalização e a introdução do objeto em um determinado sistema de categorias. (LURIA, 1987, p.43)

Se a referência objetal não surge pronta como vimos anteriormente, o percurso para construção de significados é mais complexo, pois implica necessariamente generalização e abstração.

Vejamos um comentário de Vygotsky de como a criança *define conceitos*:

> Se você pergunta a uma criança o que é um caracol, ela dirá que é pequeno, que se arrasta no chão, que sai da *casa*; se você lhe pergunta o que é uma avó, ela pode muito bem responder: *ela tem um colo macio*. Em ambos os casos, a criança expressa um resumo muito claro das impressões deixadas nela pelo tema em questão, e que ela é capaz de lembrar. O conteúdo do ato de pensar na criança, quando da definição de tais conceitos, é determinado, não tanto pela estrutura lógica do conceito em si, como o é pelas suas lembranças concretas. Quanto a seu caráter, ele é sincrético e reflete o fato de o pensar da criança depender, antes de mais nada, de sua memória. (2003, p.66)

Na verdade, a criança apresentou atributos ou funções do *conceito* indagado, pois não o colocou em categorias lógicas, um animal no primeiro caso, um parente, no segundo[29].

Quando a pessoa (criança ou adulto) inclui o objeto em uma categoria lógica, houve uma mudança qualitativa, pois o sujeito é capaz de conceituar, introduzindo os objetos em enlaces abstratos, hierarquicamente construídos[30].

Cabe agora introduzir um outro componente das palavras, este, mais pessoal. Se o significado é construído coletivamente, o *sentido* é mais

29 Apresentamos exemplos, mais adiante, no texto já citado. "Conceitos como indicadores do pensamento científico e ideológico", de minha autoria. O texto virá logo a seguir, ainda neste capítulo.

30 Nas provas do SAEB é freqüente os alunos não incluírem os quadrados, os retângulos e os losangos na classe dos quadriláteros. Erram itens por não saberem a diferença entre área e perímetro, entre outros indicadores de lacunas na construção de significados/conceitos.

pessoal, reflete situações vividas, vivências afetivas do sujeito. Assume conotações específicas face a interesses e motivações, ou então provoca rejeição.

No processo de comunicação é, portanto, necessário saber que os interlocutores, alunos, crianças, jovens ou adultos podem não ter ainda a mesma referência objetal, o mesmo significado das palavras que o professor ou o livro didático. Por isso, Vygotsky afirmou que é impossível ensinar conceitos como mencionamos anteriormente.

A mesma atenção se faz necessária ao sentido das palavras em relação a diferenças pessoais ou mesmo decorrentes de situações socioculturais, faixa etária, diferenças regionais, preconceitos, diferenças religiosas, etc.

Nesse sentido, podemos lembrar que o diálogo é sempre importante para que professores e alunos (colegas) se conheçam em suas formas de pensar e expressar.

O texto "Conceitos como indicadores de pensamento científico e ideológico" fornecerá exemplos bem concretos e atuais para ilustrar o que Vygotsky e Luria consideravam referência objetal, significado e sentido e a sua importância para a prática pedagógica.

Vygotsky, Luria e Leontiev e a educação

As relações de Vygotsky, Luria e Leontiev com a área da Psicologia tinham um duplo interesse, qual seja: buscar uma alternativa para a Psicologia dentro do materialismo dialético que superasse a crise deste campo de conhecimento no início do século XX e embasar a Educação. Neste caso, o desafio englobava crianças, adultos que eram analfabetos e estavam envolvidos em práticas econômicas não-industrializadas. Na área da Pedagogia, demonstravam interesse em atender crianças com retardo mental, bem como as relações entre desenvolvimento da consciência e ou perdas de capacidades já consolidadas por lesões cerebrais[31].

No campo da educação inicial são importantes os trabalhos de Luria e Vygotsky sobre a pré-história da linguagem escrita (2003 e 1988) e de Leontiev sobre "Os princípios psicológicos da brincadeira pré-escolar" (1991).

31 Vale lembrar que, tanto a 1ª Guerra Mundial (1914-1918), quanto a Revolução Russa de 1917 provocaram muitos lesionados que foram atendidos em hospitais e clínicas ao longo de muitos anos. Conferir Luria (1987) e Vygotsky (2003).

Quanto à educação escolar, um dos aspectos mais relevantes da contribuição de Vygotsky à prática educativa refere-se ao seu conceito de zona de desenvolvimento proximal.

Em mais de um trabalho, o autor enfatiza que a aprendizagem é sempre fonte de desenvolvimento psicológico, não aceitando as teorias que subordinam a aprendizagem aos níveis de desenvolvimento já alcançado[32].

Para o autor, a criança quando chega à escola traz uma série de aprendizagens já realizadas, e os professores não podem ignorá-las. Mas há diferenças nítidas nas formas como as aprendizagens passam a ocorrer na escola.

Nas palavras de Vygotsky:

> Continua-se afirmando que o aprendizado tal como ocorre na idade pré-escolar difere nitidamente do aprendizado escolar, o qual está voltado para a assimilação de fundamentos do conhecimento científico. No entanto, já no período de suas primeiras perguntas, quando a criança assimila os nomes dos objetos em seu ambiente, ela está aprendendo. De fato, por acaso é de se duvidar que a criança aprende a falar com adultos ou que, através da formulação de perguntas e respostas, a criança adquire várias informações: ou que, através da imitação dos adultos e através da instrução recebida de como agir, a criança desenvolva um repositório completo de habilidades? De fato, aprendizagem e desenvolvimento estão inter-relacionados desde o primeiro dia de vida da criança. (2003, p.110)

A contribuição de Vygotsky é de que, para que o aprendizado ocorra com maior aproveitamento, é necessário determinar pelo menos dois níveis de desenvolvimento.

O primeiro, aquele que a criança já atingiu, pode ser considerado *nível de desenvolvimento real*, pois reflete ciclos de desenvolvimento já completados pela criança. Reflete-se naquilo que as crianças são capazes de fazer sozinhas. Este nível pode ser detectado por testes, tarefas, desafios que a criança resolve sem a ajuda de ninguém.

32 Embora Vygotsky enfatize este princípio teórico, a leitura atenta de sua obra revela que sempre existe uma base de desenvolvimento necessário. Veja-se o exemplo da aprendizagem de conceitos e mesmo os limites da zona de desenvolvimento proximal.

Por outro lado, se a criança resolve o problema depois de fornecermos pistas, indicarmos início de solução, ou o problema é resolvido com a colaboração de outras crianças, ou *encontramos* um outro nível de desenvolvimento que chamamos de potencial.

> Essa diferença entre o nível de desenvolvimento real e o potencial é o que chamamos de zona de desenvolvimento proximal. Ela é a distância entre o nível de desenvolvimento real, que se costuma determinar através da solução independente de problemas, e o nível de desenvolvimento potencial, determinado através de solução de problemas sob a orientação de um adulto ou em colaboração com companheiros mais capazes. (2003, p.112)

As implicações pedagógicas deste conceito são inúmeras, já que os alunos não se apresentam com o mesmo potencial, e o professor não pode *dar a aula* ou *indicar a leitura de um texto* como se todos os alunos estivessem no mesmo nível de desenvolvimento potencial.

O diálogo durante as aulas, bem como as avaliações sobre trabalhos individuais ou em grupo, são excelentes oportunidades de verificar que alunos já estão aptos a compreender, e quais necessitam de mais tempo e apoio para fazer novas aprendizagens.

Este conceito de Vygotsky nos ajuda muito para subsidiar as avaliações diagnósticas, fazer o planejamento das atividades e principalmente compreender que a turma não é um todo homogêneo, e as atividades, o modo de *dar aula*, deve considerar a heterogeneidade sempre presente.

Em seguida, apresentamos o relato de uma pesquisa sobre um tema que considero capaz de provocar bastante reflexão e vontade de relacionar teoria e prática.

Conceitos como indicadores de pensamento científico e ideológico[33]

Introdução

O objetivo principal deste trabalho é contribuir com um relato de experiência docente e de pesquisa que revela um percurso em que se procurou, através de uma permanente relação teórico-empírica, encontrar soluções para uma atuação profissional mais consistente.

Parte-se do pressuposto de que cada área do conhecimento se estrutura enquanto campo conceitual que deve ser reconstruído de forma crítica e sólida por todos aqueles que o utilizam em sua prática profissional.

Em algumas áreas, este campo conceitual não lhes é exclusivo, pois faz necessariamente parte da formação de todo e qualquer cidadão, para que este possa se inserir na sociedade de forma consciente e atuante.

Atualmente tanto os conceitos científicos das ciências sociais quanto os da natureza precisam ser socializados, uma vez que se tornam necessários à compreensão de fenômenos relativos à qualidade de vida, organização do trabalho, saúde, educação, opções políticas, ecologia, etc.

Nesta perspectiva, a preocupação com os conceitos vem se mostrando cada vez mais evidente nas discussões sobre concepções de currículos, seja da escola fundamental, seja de formação universitária.

Acredita-se, no entanto, que este é apenas um início e só um esforço multidisciplinar poderá elevar o nível de autonomia intelectual e ética de todos que dela necessitam para atuar e participar da vida em sociedade.

Por outro lado, vários conceitos são nitidamente marcados por cargas ideológicas muito arraigadas e, se não forem abordadas de forma articulada, contextualizada e historicizada, não se constituem

33 Este texto foi apresentado no Congresso Interamericano de Ciências Sociais da América. São Luiz Potosi – México, em julho – 1996.

em instrumentos de reflexão e mudança nas várias esferas da vida dos cidadãos.

A parte empírica deste trabalho foi obtida através de situações concretas de docência e pesquisa exploratória com alunos da área de Educação (Pedagogia e Licenciatura).

A abordagem adotada fundamenta-se consistentemente em teoria construtivista da Psicologia e o tratamento dos dados obtidos caracteriza-se pela análise qualitativa. Considera-se que a partir deste primeiro trabalho pode-se desenvolver uma pesquisa mais ampla. Os primeiros resultados alcançados foram muito consistentes e coerentes com a perspectiva teórica adotada.

Antecedentes

A importância dos conceitos e suas relações em cada área do conhecimento foi sentida desde o início de minha atividade profissional.

Ainda na década de 60, ao trabalhar em educação de adultos, constatava como faziam falta, em suas discussões para compreender a realidade social, conceitos como sociedade, mercado de trabalho, desenvolvimento social e econômico. Também na área da matemática, as dificuldades de compreender conceitos como unidade, dezena e centena eram obstáculos para o domínio dos algoritmos das quatro operações. Outros exemplos poderiam ser citados.

A leitura de um artigo de periódico (INEP, 1971) sobre a dificuldade de crianças e adolescentes compreenderem conceitos presentes no ensino de História veio confirmar que esta era uma questão crucial para quem estivesse interessado em promover a construção de conhecimento, e não apenas em memorização de conteúdos incompreensíveis.

Naquele artigo se afirmava que conceitos como constituição, regência, anistia não eram entendidos pela maioria dos alunos pesquisados.

A pesquisa concluía que o fracasso no ensino de História deveria ter nestas dificuldades de compreensão a explicação do baixo rendimento dos alunos nesta disciplina.

A consulta à bibliografia disponível à época, na área de Psicologia, pouco auxiliava a ultrapassar os desafios que meus alunos e eu encontrávamos, freqüentemente, quando o assunto exigia níveis de abstração e generalização mais elaborados.

A primeira contribuição realmente efetiva surgiu ao estudar a obra de J. Piaget, inclusive para a realização da dissertação de Mestrado sobre "Operações mentais em adultos de baixa escolaridade" (1978).

Questões epistemológicas e psicológicas como a relação entre o sujeito e o objeto do conhecimento, as mudanças qualitativas ao longo do processo do desenvolvimento cognitivo, as operações lógico-matemáticas e as infra-lógicas (tempo e espaço) auxiliaram de forma significativa a compreensão de que, sem levar em conta as condições iniciais de aprendizagem (esquemas assimiladores), nossa ação docente pode ser inócua.

Foi ficando cada vez mais evidente que conceitos como democracia, cidadania, justiça, política, tão necessários à compreensão da prática educacional, não se encontram construídos em adolescentes e adultos.

Posteriormente, lecionando no ensino superior na área de formação de professores, percebia que os alunos confundiam o significado de palavras tais como Estado e governo, questão econômica e financeira, desenvolvimento e progresso, etc.

Esta imprecisão conceitual e suas implicações ficavam evidentes na leitura de textos de apoio, nos debates em seminários e em outras ocasiões, como avaliações.

Embora didaticamente estivesse atenta a essas dificuldades de compreensão teórica no aprofundamento do conhecimento através do trabalho em grupo, cheguei à conclusão de que a realização de pesquisas, tendo esta questão como objeto de investigação, seria útil não só para a minha prática docente, mas para todos os que enfrentaram os mesmos desafios.

> A palavra inclui em sua composição pelo menos dois componentes fundamentais: o primeiro denominado *referência objetal* é compreendido como a função da palavra que consiste em designar o objeto, o traço, a ação ou a relação. O segundo componente fundamental da palavra é o seu *significado*, compreendido por nós como a função de separação de determinados traços no objeto, sua generalização e a introdução do objeto em um determinado sistema de categorias. (LURIA, 1990, p.43)

Outro componente importante introduzido por Vygotsky foi o de *sentido*, entendendo como o significado individual da palavra, ligado a aspectos de situações dadas, vivências afetivas de cada pessoa.

Para Vygotsky,

> O sentido de uma palavra é a soma de todos os eventos psicológicos que a palavra desperta em nossa consciência... Uma palavra adquire o seu sentido no contexto em que surge: em contextos diferentes altera o seu sentido. (VYGOTSKY, 1987, p.125)

Assim, o significado da palavra é mais social, historicamente construído, e o seu sentido é mais pessoal.

Outro suposto teórico dos autores adotado na investigação se refere ao fato de que, ao longo do desenvolvimento intelectual, ocorrem mudanças significativas no sentido e significado das palavras.

> Como demonstrou L.J. Vygotsky, em cada etapa do desenvolvimento infantil, a palavra, mesmo conservando a mesma referência objetal, adquire novas estruturas semânticas, muda e enriquece o sistema de enlaces e generalizações nela encerrados, o que quer dizer que o significado da palavra se desenvolve. (LURIA, p.51)

Utilizando um método de pesquisa que consistia em pedir à criança que determinasse o significado de uma palavra, foi possível detectar níveis psicológicos bem diferenciados, indicativos do nível de desenvolvimento atingido.

Assim, ao responder o que é um gato, o sujeito pode apenas indicar funções ou mencionar atributos. Ex.: o gato mia, o gato toma leite, o gato caça o rato.

Em outro estágio o sujeito responde, "o gato é um animal", revelando que foi capaz de introduzir o objeto em um determinado sistema de conceitos, em determinada categoria.

Nos primeiros casos, as respostas se referiam a situações concretas; no segundo fica evidente o nível de generalização e abstração já alcançados, ou seja, o nível conceitual.

Dessa forma, constata-se que o emprego de palavras por uma pessoa não garante que esta seja capaz de compreender o seu significado em termos de categorias lógicas, sistema hierárquico de classes, relações de oposição, de afinidade e complementaridade.

Pela análise do sentido, podem-se inferir dimensões ideológicas, representações sociais e mesmo o imaginário. Cabe aqui outro exemplo. Ao pedir a uma pessoa que diga o que é mulher, esta respondeu: "o tabernáculo da vida". (JODELET, 1984) É desnecessário enfatizar o quanto esta resposta está revelando em termos religiosos, antropológicos, sociológicos, etc.

Diante de todas estas possibilidades que a teoria e o método de pesquisa propiciam, foi realizada a investigação que será comentada em seguida.

Cumpre informar que contei com a valiosa colaboração de Ronaldo Souza de Castro, professor de Educação Ambiental da UFRJ e estagiários dessa Universidade para a realização do estudo que inclui outros instrumentos que não serão aqui mencionados, face aos limites desta exposição.

A Investigação

Os sujeitos que compuseram a amostra estavam matriculados em uma Universidade Pública e uma particular. Como já foi mencionado, eram alunos de Licenciatura (formação de professores) e Pedagogia, num total de aproximadamente 150 pessoas.

As palavras escolhidas para serem conceituadas foram consideradas relevantes para uma avaliação diagnóstica que deveria anteceder uma discussão sobre Educação Ambiental.

As palavras deveriam cobrir um contínuo entre aquelas de referência objetal mais concreta como fauna, flora, agricultura, até conceitos mais abstratos como política, democracia, Estado, ética e meio ambiente.

As pessoas entrevistadas foram solicitadas a escrever parte das respostas (6 palavras) e fornecer definições orais em relação a outras (4 palavras). Assim, se escreviam o que é fauna, respondiam oralmente o que é flora.

Para contornar possíveis influências da surpresa na tarefa, após uma semana, o material era devolvido a cada sujeito para que pudesse rever o que tinha respondido e fazer modificações que julgasse necessárias. Pode-se adiantar que a maioria absoluta não fez alterações. Poucos mencionaram o fato de terem procurado respostas corretas em dicionários ou por outros meios entre uma etapa e outra da coleta das respostas.

Após a leitura e análise das respostas foram feitos os seguintes comentários:

1 - As palavras flora, fauna, queimada e agricultura, consideradas de *referência objetal menos abstrata*, foram, em geral, incluídas em categorias lógicas, o que indicou um bom nível de conceituação.

São exemplos de resposta:

flora - "São as árvores, o meio vegetal."
"Toda parte vegetal do nosso ecossistema."

fauna - "Definição do conjunto relativo à espécie animal."
"Espécies animais de determinada região."
"É o reino animal."

queimada - "Uso predatório do fogo em locais onde existem lavouras e plantações."

"Incêndio nas regiões de florestas ou campos, geralmente provocados pelos homens que possuem interesses na exploração de terra."
"É uma prática usada para se fazer o plantio, causando o empobrecimento do solo."

agricultura - "Meio de produção de alimentos, trabalho com terra."
"Cultura, plantação de alimentos."
"Atividade econômica de plantio e cultivo de recursos alimentícios."

Como os exemplos indicam, os sujeitos da investigação tinham capacidade de conceituar colocando as palavras em categorias ligadas aos significados corretos, mesmo que a forma não apresentasse sempre o mesmo rigor.

Chama atenção o fato de que, entre as quatro palavras, a que provocou uma postura crítica foi *queimada*. Tal resultado decorre, sem dúvida, da veiculação da noção de que as queimadas prejudicam o solo, destroem florestas. Nota-se, assim, uma consciência maior dos males desse tipo de prática até pouco tempo considerada correta - que se manifesta no componente *sentido*.

Em alguns casos, o sujeito não chegou nem a esboçar uma conceituação, apenas expressou uma crítica de conotação mais emocional do que intelectual.

São exemplos:
queimada - "devastação."
"tragédia que fazem com a natureza."
"crime contra a vida."
"morte."
"é a destruição."

Esses sujeitos não se preocuparam em fazer referência à prática, uso, procedimento que provocam os efeitos negativos que criticam. Suas respostas poderiam estar referidas a outras práticas, logo não explicitaram o componente significativo (o que é uma queimada).

Nas palavras relativas a conceitos mais abstratos, nota-se que o desempenho dos sujeitos não foi homogêneo, nem em relação ao significado, nem ao sentido.

A palavra *democracia* provocou reações mais positivas do que *política* e *governo*.

São exemplos de respostas:

democracia - "um regime onde se espera que o povo possa participar."
"regime de governo feito para o povo."
"liberdade de expressão."
"liberdade total de idéias, pensamentos e atos."
"liberdade de pensar, falar, votar."
"liberdade de ir e vir."

Embora as dimensões igualdade e participação tenham sido incluídas como componentes do regime democrático ou de relações democráticas, isto ocorreu em menor número.

O componente mais enfatizado foi, sem dúvida, a liberdade. Este é um resultado extremamente importante que exige um aprofundamento, no sentido de se verificar até que ponto reflete *uma sociedade que valoriza a liberdade mas não a igualdade*. Uma sociedade que, ideologicamente, reconhece a democracia política mas não a social.

Foram poucas as respostas que não fizeram menção ao significado como, por exemplo,

"o que não temos vigorando em nosso país."
"direitos e deveres."
"Um por todos, todos por um".

Foram muito numerosas as respostas como as que seguem:

política - "o que não se tem nesse país, o que temos é politicagem."

"estou à procura."
"arte de enganar."
"jogo de interesses."
"sem comentários."
"sinônimo de falcatruas."
"um bando de ladrões."

Foram em menor número as respostas que conceituaram ou como prática social ou como área de conhecimento.

política - "vem de Polis (cidade-Estado) na Grécia Antiga, lugar onde as pessoas se reuniam para trocar idéias."
"forma de governar, de dirigir as cidades, os estados, os países."
"ciência que trata de aspectos políticos sociais, históricos de uma sociedade."
"ciência que estuda estratégias de governo."

Outras respostas demonstram falta de compreensão e ou imprecisão quanto ao significado como, por exemplo: *forma de atuação, expressão do ser crítico, pensante, racional* e *é a filosofia que cada país adota*.

O mesmo ocorreu com a palavra *governo*. A maioria das respostas revela uma dificuldade muito grande de conceituação.

São raras as respostas que fazem menção a uma categoria lógica:

governo - "é um órgão do Estado. Um aparelho reprodutor do poder."
"seria a organização, a forma de representação do povo e a forma de governar, de dirigir."

Entre as respostas vagas temos:

governo - "tem ligação com o poder e a política."
"são os políticos."

São exemplos de respostas que apenas expressam frustração e/ou crítica.

governo - "o governo é essa confusão toda aí."
"É o que devia ser e não é."
"Seria líder que deixa as coisas um pouco a desejar, principalmente em relação à Educação."

No que se refere às palavras *Estado* e *ética*, o desempenho dos sujeitos foi revelador da não-construção de conceitos pela maioria dos sujeitos.

Foram extremamente raras as respostas como as que se seguem:

Estado - "máquina que comanda, representa e administra um determinado território e seu povo."
"é o que legitima e representa as leis."
"o Estado tem a função de manter a sociedade em harmonia, através da execução das leis pelas instituições."
"aparelho que se encarrega da manutenção da ordem social, conduzindo a vida em sociedade, através da articulação de diferentes instituições."

ética - "É o conjunto de princípios, valores, regras que norteiam a vida em sociedade."
"Conjunto de normas, condutas a serem seguidas dentro de um determinado meio."

A maioria ou deu respostas parciais, mencionando funções e atributos, ou fez comentários sem lógica, não revelando nenhuma aproximação com o significado do conceito.

Seria bastante interessante aprofundar como se organizam em suas visões de sociedade significados e sentidos sobre esses conceitos pesquisados. Muitos manifestam críticas nas palavras *política* e *governo*, mas não conceituam adequadamente ética.

A palavra *meio ambiente* foi respondida sem grandes considerações. A maior parte exclui o ser humano, fazendo menção apenas à natureza.

meio ambiente - "acho que é a flora e a fauna, os recursos naturais."

Outros fizeram referência à relação entre meio físico e o homem.

meio ambiente - "como o ser humano se relaciona. Como todos os seres vivos se relacionam no ecossistema."
"interação entre o homem e o seu *habitat.*"

Com os exemplos citados espera-se ter fornecido uma visão preliminar do potencial desta abordagem teórico-metodológica e seu alcance, não só para a educação, como também para outras áreas em que o instrumental científico e ideológico é relevante como condição de inserção na vida social e política.

Considerações Finais

Os resultados apresentados nesta exposição fazem parte de uma preocupação mais ampla, que consiste em discutir teórica e empiricamente a relação entre níveis de desenvolvimento cognitivo, domínio de conteúdo e processo de construção de conhecimento através de intervenção pedagógica.

Partiu-se do pressuposto de que os conceitos, enquanto instrumentos do pensamento, podem indicar o nível de conhecimento, tanto científico, quanto os matizes ideológicos, principalmente nas áreas das ciências sociais.

Nos limites do que foi apresentado, pode-se inferir que os alunos universitários, muitos deles não-iniciantes, apresentam sérias lacunas na construção dos campos conceituais que são indispensáveis para uma atuação competente e crítica, quer no campo profissional, quer enquanto cidadãos.

Como entender a democratização da educação como direito de todos, se só a dimensão liberdade é constitutiva da democracia?

Como atuar na construção de transformação da sociedade pelas vias de políticas públicas com uma visão tão pessimista e monolítica.

Sem dúvida existem aqueles que alcançaram patamares bastante promissores em termos de compreensão da realidade em que vivem e são capazes de perceber nuances, contradições, possibilidades.

Do nosso ponto de vista, promover o diálogo entre todos pode ser um caminho pedagógico, que propicie autonomia crescente para novas construções cognitivas e valorativas e suas aplicações a situações concretas.

Concluindo, cabe ressaltar que o modelo teórico-metodológico adotado mostrou-se muito promissor. Como primeira etapa, proporciona verbalizações que poderão desencadear estratégias que proporcionem mudanças qualitativas no pensar, no refletir e no julgar.

3
Psicanálise: algumas contribuições para a Educação

3.1 - Conceitos básicos: um pouco de história

A inclusão de um capítulo sobre a Psicanálise em um livro sobre Psicologia da Educação decorre, evidentemente, do fato de que sua presença, principalmente no século XX, marcou de forma profunda, ou pelo menos apontou para níveis e formas de vida psíquica que não puderam ser ignorados.

Freud, sem dúvida, seu principal formulador ao lado de seus contemporâneos, estabeleceu as bases de uma concepção de homem até então desconhecida enquanto saber científico.

O impacto de suas descobertas não foi minimizado por Freud. Como lembram Rappaport et al. (1981, p.14), foi o próprio Freud que:

> Na Conferência Introdutória à Psicanálise, de 1916, mostra que a espécie humana sofreu três grandes feridas em seu narcisismo. A primeira foi causada por Copérnico, ao tirar a Terra do centro do universo. A segunda, por Darwin que ao definir 'A origem das espécies na luta pela vida' tira ao homem a pretensão de ser filho de Deus. A terceira é a descoberta do inconsciente, que tira ao homem o domínio sobre sua própria vontade.

Os fenômenos humanos em que a existência do inconsciente sempre esteve presente, como os sonhos, os atos falhos, reações aparentemente incompreensíveis, entre outros, encontraram explicações, interpretações, desculpas nas várias religiões, no senso comum, nas lendas e mitos[1], enfim, no imaginário das diferentes civilizações e culturas que procuravam atribuir a diferentes entidades sobrenaturais, almas que saíam do corpo, possessões demoníacas, ações durante o sonho, etc. o que a ciência não explicava.

Por que será que, já há algum tempo, a frase *Freud explica* é tão usada, seja como brincadeira, seja como manifestação de que algo não está claro, que há algo por trás das atitudes e comportamentos das pessoas?

A frase tem, é claro, mesmo que freqüentemente sem muita profundidade, relação com outro conceito da Psicanálise que é a interpretação.

De fato esta *interpretação* é o trabalho que a Psicanálise realiza de trazer para o consciente o sentido latente de qualquer *material*, seja um sonho, seja um sintoma, seja um comportamento, seja um mecanismo de defesa do ego, que abordaremos mais adiante.

Para prosseguirmos na apresentação de aspectos da Psicanálise que sejam compatíveis com os limites da disciplina Psicologia da Educação, vamos nos referir a um texto do próprio Freud.

Em 1910, as *Cinco lições de psicanálise* foram publicadas. Já haviam sido apresentadas como conferências nos Estados Unidos em 1908, em um evento comemorativo, da universidade Clarke, em Massachussets.

Destacamos a segunda lição, porque nela Freud fala do inconsciente, mostrando aspectos da dinâmica psíquica. É interessante também, porque aborda aspectos teóricos e estratégias e escolhas metodológicas para elaboração de sua teoria. É sempre importante conhecer, mesmo que em parte, os desafios que os autores enfrentam e como encaminham as soluções[2].

Este texto ajuda a compreender melhor o que são os mecanismos de defesa do ego que serão apresentados em seguida.

As cinco lições constam do livro sobre Freud, da coleção "Os Pensadores", indicado na bibliografia.

---

1 Penna (2004) comenta que o próprio Freud teria reconhecido que Empódocles, um filósofo pré-socrático, teria antecipado a ciência, utilizando a linguagem do mito. Sua linguagem do sonho, compartilhada por poetas, falava das pulsões de morte. Ver glossário.

2 Alguns termos técnicos fazem parte do glossário, e alguns nomes são citados na cronologia.

Antes de apresentar dados biográficos e etapas da trajetória de Freud, vamos reproduzir uma longa citação da 2ª lição como exemplo de como ele *explicava* o inconsciente.

> Talvez possa ilustrar o processo de repressão e a necessária relação desse com a resistência mediante uma comparação grosseira, tirada de nossa própria situação neste recinto. Imaginem que nesta sala e neste auditório, cujo silêncio e cuja atenção eu não saberia louvar suficientemente, se acha no entanto um indivíduo comportando-se de modo inconveniente, perturbando-nos com risadas, conversas e batidas de pé, desviando-me a atenção de minha incumbência. Declaro não poder continuar assim a exposição: diante disso, alguns homens vigorosos dentre os presentes se levantam, e após ligeira luta põem o indivíduo fora da porta. Ele está agora *reprimido* e posso continuar minha exposição. Para que, porém, se não repita o incômodo se o elemento perturbador tentar penetrar novamente na sala, os cavalheiros que me satisfizeram a vontade levam as respectivas cadeiras para perto e, consumada a repressão, se portam como *resistência*. Se traduzirmos agora os dois lugares, sala e vestíbulo, para a psique, como *consciente* e *inconsciente*, os senhores terão uma imagem mais ou menos perfeita do processo de repressão. (FREUD, 1978, p.14 - grifos do autor)

Do ponto de vista da trajetória de Freud podemos destacar alguns pontos importantes.

- Freud nasceu em 1856[2]. Ingressou no curso de Medicina na Universidade de Viena em 1873. Formou-se em 1881, pois sua curiosidade o levou a estudar Fisiologia, Neuropatologia, casos infantis de afasia e paralisias cerebrais, etc;
- Antes de optar pelo método clínico que desvendaria a natureza do sintoma pelo método da associação leve ou *cura pela palavra*, Freud vivenciou experiências importantíssimas para chegar a identificar o nível do psiquismo inconsciente, suas manifestações e a forma de torná-lo até certo ponto acessível, como afirma no trecho anterior;

3 Freud nasceu em Freiberg, hoje República Tcheca. O fato de ser judeu teve implicações em sua vida pessoal e sua obra. Morreu em 1939, em Londres, para onde migrou em razão de perseguição nazista.

- O interesse de Freud pela Psiquiatria o levou a Paris para estudar com Charcot (1825-1903), famoso psiquiatra que utilizava a hipnose para tratar de pacientes histéricos. Freud acompanhou os seminários e verificou que os fenômenos histéricos e a hipnose constituíam um processo com aspectos equivalentes;
- Os experimentos de Bernheim (1840-1919)[4], com a sugestão pré-hipnótica, chamam a atenção de Freud, que se convence de que se pode alcançar o inconsciente sem a utilização da hipnose, pois estes experimentos indicam a existência de processos psíquicos conscientes e inconscientes, e que estes determinam ações dos indivíduos sem que estes saibam o porquê de seus atos;
- Seu trabalho com Breuer (1842-1925) foi de grande importância, pois Freud chega a compreender que os sintomas têm sentido (daí a necessidade de interpretação) e que a descoberta desse sentido implica seu desaparecimento;
- Considerava que a simples catarse - no momento da descoberta do significado - não era suficiente, pois o sintoma voltava de mesma forma ou modificado;
- Trabalhando sobre estas constatações cria a Psicanálise, dando importância aos processos de desrecalcamento e interpretação. No texto, Freud explica como se dá o processo, quando afirma que para a "recuperação é necessário que o sintoma seja reconduzido pelo mesmo caminho até a idéia reprimida". (1975, p.15)

Sublinhados estes pontos, cabe esclarecer que, em 1900, Freud publica a *Ciência dos Sonhos* ou *Interpretação dos sonhos*, considerada obra básica por serem os sonhos *a estrada real do inconsciente*. Sendo a realização de um desejo, o sonho decorre de um afrouxamento da censura do superego durante o sono. Apesar de aspectos ilógicos, contraditórios, etc., o sonhador coloca certa ordem nas imagens, formando uma *história* que pode ser mais ou menos coerente.

---

4 Bernheim (1889), durante a hipnose de um paciente, lhe dá a ordem para que abra o guarda-chuva quando estiver consciente. O paciente, de fato, mesmo sem saber o porquê, abre o guarda-chuva e quando perguntado por que o fez, dá uma desculpa - queria ver se estava funcionando. Após insistência de Bernheim, o paciente termina lembrando que foi hipnotizado e que recebera a ordem de abrir o guarda-chuva. Conferir Rappaport et al. p.14-15.

Para que o leitor entenda por que vários termos são utilizados pela Psicanálise no que se refere ao psiquismo humano e como Freud construiu sua teoria, vamos fazer breve referência aos modelos teóricos nos quais o inconsciente é definido por Freud, quais sejam: o tópico, o estrutural, o econômico e o dinâmico.

O *tópico* é apresentado no livro citado, *A interpretação dos Sonhos*. Como se lê no livro sobre Freud da Coleção "Os Pensadores":

> Em síntese, de acordo com o ponto de vista tópico, o ato psíquico passa por dois estágios ou fases, sujeitando-se à censura do meio. Na primeira fase, o ato psíquico seria inconsciente, mas ao ser submetido à censura poderia ser reprimido, sendo obrigado a permanecer no inconsciente, ou então poderia passar pelo crivo da censura, tornando-se capaz de consciência, ou seja, passando para o pré-consciente. (1978, p.X)

Neste modelo, o conflito coloca o recalque de forma espacial, em uma estrutura que compreende três regiões - a consciente, a pré-consciente e a inconsciente. Freud não chegou a localizá-las em suportes orgânicos.

Em 1923, Freud, na obra *O Ego e o Id*, apresenta um novo modelo que considera mais adequado, pois o inconsciente não só recobre tudo que foi recalcado, como também algumas operações do ego são inconscientes, como veremos logo adiante. É o modelo *estrutural*, pois, apresenta a estrutura do psiquismo.

A noção de conflito fica explicada pela existência de forças antagônicas. Um dos conflitos seria entre a libido ou pulsão[5] de autoconservação de vida e o instinto de morte[6], presente em todos os seres vivos, um impulso visando o retorno ao estado inanimado.

O modelo pode ser assim representado[7] :

Id ⟷ Ego ⟷ Superego

↕

Realidade

5 Ver glossário.
6 Ver glossário.
7 Rappaport et al., 1981, p.26.

O id é entendido como a parte mais antiga da mente, depósito de forças instintivas inteiramente inconscientes. É o reservatório de energia do indivíduo. É atemporal, não é verbal, inexiste o princípio de não-contradição, é responsável pelo processo primário[8] e funciona pelo princípio do prazer, ou seja, busca a satisfação imediata das necessidades.

O ego, para Freud, organiza a defesa, assegura a adaptação à realidade, regula conflitos, opera a censura e representa a razão, a sabedoria, a percepção, a memória, etc. A partir de uma base instintiva inicial, surgem estruturas mais sofisticadas como resultado da elaboração da realidade. Organiza a simbolização. O processo primário é plástico. O processo secundário, ao organizar a linguagem, organiza o domínio sobre as fantasias e fornece um instrumento para reter, elaborar e atuar sobre a realidade física e psíquica[9].

O superego, também inconsciente, é conseqüência da vida social: pais, professores, leis, etc. Ele engloba as funções de interdição e de ideal do ego, os processos de identificação e interiorização de modelos, valores aceitos na cultura. Outra face do superego é a consciência moral.

O superego é fundamental para a vida em grupos e na sociedade, mas quando exarcebado pode neurotizar o indivíduo com complexo de culpa e idéias inalcançáveis, por serem irreais.

O modelo *econômico* diz respeito às energias da vida psíquica. O termo mais específico desta energia é a libido. Em latim, libido significa vontade, desejo. Para Freud, libido é uma expressão tirada da teoria da afetividade. Considerada como uma grandeza quantitativa, não pode ser mensurável.

Segundo Laplanche e Pontalis:

> Libido do ego e libido objetal são expressões introduzidas por Freud para distinguir duas modalidades de investimento da libido: esta pode tomar como objeto a própria pessoa (libido do ego ou narcísica) ou um objeto exterior (libido objetal). Existe, segundo Freud, uma balança energética entre estas duas modalidades de investimento, em que a libido objetal diminui enquanto aumenta a libido do ego e inversamente.
>
> O modelo dinâmico qualifica uma perspectiva que considera os fenômenos psíquicos como resultantes do conflito e da

8 Ver glossário.
9 Rappaport et al., 1981, p.27.

> composição de forças que exercem uma certa pressão, forças que são, em última análise, de origem pulsional. (Laplanche e Pontalis, 1970, p.165)

Os conflitos se originam de exigências internas contrárias. A dinâmica desta energia é que ela opõe desejo x censura; princípio do prazer x princípio de realidade, etc.

As forças mentais devem não só proteger o ego da ansiedade interna como adequá-lo à realidade externa. É nesta permanente tensão que podem surgir sucessos, frustrações, fracassos e finalmente as neuroses.

Voltaremos à questão da ansiedade no próximo texto, "Afeto, atitudes e ansiedade Matemática".

3.2 - Mecanismos de defesa do ego: o que são e como aparecem nas relações entre atores da prática educacional

Nas relações entre pessoas, nas dificuldades e/ou desafios que a realidade nos impõe nem sempre os conflitos entre pulsões são bem resolvidos, assim como nossas ações nem sempre nos agradam totalmente.

Como já vimos o que são resistência e repressão e como o nosso psiquismo é dinâmico, fica mais fácil compreender o que são os mecanismos de defesa do ego e porque são tão freqüentemente utilizados pelas pessoas, seja qual for a situação vivenciada. Nos exemplos vamos dar preferência a situações educacionais.

Para Laplanche e Pontalis, eles são:

> Diversos tipos de operações em que se pode especificar a defesa. Os mecanismos predominantes são diferentes consoante o tipo de afecção que se considere, a etapa genética, o grau de elaboração do conflito defensivo, etc.
>
> Existe acordo em dizer que os mecanismos de defesa são utilizados pelo ego, mas mantém-se em aberto a questão teórica de saber se a sua utilização pressupõe sempre a existência de um ego organizado que seja o seu suporte. (1970, p.357)

Rappaport et al. (1981, p.21-30) acrescentam que o ego, como já mencionamos, contém uma parte inconsciente, e diante de situações que podem gerar angústia, vivências dolorosas, desagradáveis, ele é mobilizado para, por meio de mecanismos inconscientes, evitar que o sujeito perceba o que o incomoda.

Todos nós nos valemos de mecanismos de defesa do ego em algum momento em que a realidade nos provoca sofrimento, ou nós mesmos nos impedimos de tomar consciência do que nos incomoda.

Pelos exemplos que se seguem, os leitores reconhecerão *casos conhecidos* - uns mais graves, mais prejudiciais aos relacionamentos entre pessoas, outros mais individuais e/ou esporádicos.

Optamos pela definição, conforme está apresentada no *Dicionário de psicanálise*, já citado, mencionando apenas a página e por fazer referência a exemplos mais freqüentes dos mecanismos, para torná-los mais compreensíveis.

- **Negação** - "Processo pelo qual o indivíduo, embora formulando um dos seus desejos, pensamentos ou sentimentos, até aí recalcado, continua a defender-se dele negando que lhe pertença." (p.373)

Os clássicos chavões *tem pai que é cego* ou *o marido enganado é o último a saber* são exemplos típicos do mecanismo de negação. Para não sofrer, para não ter que tomar providências, etc., o indivíduo *não percebe* as evidências disponíveis. Muitos negam os riscos do fumo, de alimentos, para não ter que aceitar que estão arriscando sua saúde.

- **Projeção** - "No sentido propriamente psicanalítico, operação pela qual o indivíduo expulsa de si e localiza no outro, pessoa ou coisa, qualidades, sentimentos, desejos e mesmo *objetos* que ele desdenhe ou recuse em si. Trata-se aqui de uma defesa de origem muito arcaica e que vamos encontrar em ação particularmente na paranóica, mas também em modos de pensar *normais*, como a superstição." (p.478)

A projeção pode explicar, por exemplo, por que muitos professores consideram que seus alunos é que são pouco inteligentes ou preguiçosos, quando, na verdade, é o próprio professor que não sabe como motivá-los ou ensinar corretamente. Da mesma forma, muitos alunos projetam nos professores o seu fracasso escolar.

Acredito que a desculpa do fracasso escolar das *crianças carentes* contenha um grande componente de projeção, como vimos no capítulo 1 deste livro.

O caso extremo e já patológico da projeção é a paranóia. O sujeito projeta para fora a sua agressividade, a sua destrutibilidade, e passa a ver os outros como perseguidores.

> • **Racionalização** - "Processo pelo qual o indivíduo procura apresentar uma explicação coerente do ponto de vista lógico, ou aceitável do ponto de vista moral, para uma atitude, uma ação, uma idéia, um sentimento, etc., de cujos motivos verdadeiros não se apercebe; fala-se mais especialmente da racionalização de um sintoma, de uma compulsão defensiva, de uma formação reativa. A racionalização intervém também no delírio, resultando numa sistematização mais ou menos acentuada." (p.543)

A fábula da "raposa e as uvas", de Fedro, é um exemplo típico de racionalização. A raposa queria comer as uvas, mas, como não conseguia alcançá-las, disse que não queria comê-las porque estavam verdes.

Na racionalização, utilizamos fragmentos, partes de verdades, para justificar o que não conseguimos obter, realizar.

Podemos exercer nossa profissão de forma rotineira, sem criatividade, e justificamos que não podemos fazer nada porque existe muita burocracia, a secretaria não dá recursos, etc. Tudo isso pode ser verdadeiro, mas sempre existe algo que se pode fazer se o compromisso não é com a inércia[10].

Foi bom o namoro acabar logo, porque não ia dar certo mesmo!!! Não passei no concurso mas não faz mal, o salário não era essas coisas mesmo! Outros exemplos de racionalização poderiam ser lembrados, nos exemplos em que as pessoas minimizam a frustração

10 No capítulo sobre jovens e adultos, as projeções e as racionalizações podem ser lembradas para aprofundar a discussão do texto sobre as queixas dos professores.

Por outro lado, é preciso acrescentar que as ideologias, as religiões, as convicções políticas, fornecem muitos argumentos para *ajudar* nas racionalizações: é pobre porque Deus quer! Deus tem levado a culpa de muitas coisas para que as pessoas e a sociedade justifiquem suas ações.

> • **Regressão** - "Num processo psíquico que contenha um sentido de percurso ou de desenvolvimento, designa-se por regressão um retorno em sentido inverso desde um ponto já atingido até um ponto situado antes desse.
> A regressão é uma noção de uso muito freqüente em Psicanálise e na Psicologia contemporânea; ela é concebida a maioria das vezes como um retorno a formas anteriores do desenvolvimento do pensamento, das relações de objeto e da estruturação do comportamento." (p.568)

Os exemplos mais comuns de regressão podem ser identificados em crianças que, ao receberem a concorrência de um irmão recém-nascido, regridem a ponto de usar novamente chupeta, usar fraldas, não falar com o desembaraço já alcançado, etc.

Muitas crianças, ao entrarem na escola ou mudarem de ciclo (de 4ª para 5ª série), ao se defrontarem com vários professores, encontram dificuldades de se relacionar com colegas e professores, passando a ter comportamentos infantilizados de choro, necessidade de chamar a atenção, ou então, de se isolar ou desaprendem de estudar sozinhos ou em grupo, etc.

Nós mesmos professores quando retornamos à situação de alunos em cursos, seminários e oficinas, muitas vezes fazemos brincadeiras, temos atitudes de quando éramos de fato alunos, no passado.

> • **Formação reativa** - "Atitude ou hábito psicológico de sentido oposto de um grupo recalcado e constituído em reação contra ele (o pudor a opor-se a tendências exibicionistas, por exemplo).
> Em termos econômicos, a formação reativa é um contra-investimento de um elemento consciente, de força igual e de direção oposta ao investimento inconsciente.
> As formações reativas podem ser muito localizadas e manifestarem-se por um comportamento peculiar, ou generalizadas até o ponto

de constituírem traços de caráter mais ou menos integrados no conjunto da personalidade." (p.258)

São muito citados na bibliografia e nas artes dramáticas exemplos de pessoas que se apresentam como muito puritanas ou de grande conduta ética, mas que, na verdade, são altamente marcadas por desejos sexuais ou por desejos de comportamentos desonestos.

São representativas de comportamentos de formação reativa pessoas muito tímidas, inseguras, que reafirmam constantemente para os outros que são *espertas*, *namoradeiras* e *que conseguem o que querem*.

Muitas vezes por trás de uma fama de professor *muito rigoroso que adora reprovar* está uma pessoa que tem receio de não saber conduzir sua prática docente em bases mais cordiais, democráticas, ouvindo os alunos em suas dificuldades de aprendizagem.

- **Identificação** - "Processo psicológico pelo qual um indivíduo assimila um aspecto, uma propriedade, um atributo do outro e se transforma, total ou parcialmente, segundo o modelo dessa pessoa. A personalidade constitui-se e diferencia-se por uma série de identificações." (p.295)

Mais do que um conceito entre outros, ou um mecanismo de defesa a mais, a identificação é, assim, um processo que participa da constituição da personalidade. Papéis do gênero, modelos culturais, etc. são internalizados pela identificação.

O perigo é quando as identificações muito arraigadas ou sucessivas impedem a aquisição de uma identidade própria. Não se pode ser sempre *Maria vai com as outras*.

Com a mídia tão presente na atualidade, as identificações com artistas famosos são exemplos facilmente verificáveis.

Durante a adolescência este mecanismo é bastante freqüente. Os meninos e meninas, ao entrarem na adolescência, em geral, superam identificações com os pais ou outros adultos próximos e passam a se vestir, falar, freqüentar locais, todos iguais aos seus pares, ou seja, outros adolescentes.

Muitas vezes notamos na escola e no ensino superior alunos que se identificam com gestos, idéias e modos de falar de algum de seus professores.

- **Deslocamento** - "Fato de a acentuação, o interesse, a intensidade de uma apresentação ser susceptível de se soltar dela para passar a outras representações originalmente pouco intensas, ligadas à primeira por uma cadeia associativa.
  Esse fenômeno, particularmente visível na análise do sonho, encontra-se na formação dos sintomas psiconeuróticos e, de um modo geral, em todas as formações do consciente.
  A teoria psicanalítica do deslocamento apela para a hipótese econômica de uma energia de investimento suscetível de se desligar das representações e de deslizar por caminhos associativos.
  O *livre* deslocamento dessa energia é uma das características principais do processo primário, tal como ele rege o funcionamento do sistema inconsciente." (p.162)

Para alguns autores, o objeto ou situação que provoca fobia ou mesmo forte reação negativa pode estar simbolizando o que realmente provoca o conflito, a angústia. Deslocando a energia (modelo dinâmico) para outro objeto, o sujeito localiza, circunscreve a angústia em quem não o ameaça de forma efetiva.

Em casos mais corriqueiros temos um funcionário da escola que tem que suportar o mau humor do chefe e desconta sua agressividade nos alunos, nos filhos, etc. Às vezes os móveis, as portas, os cachorros, a louça são receptáculos de nossa agressividade deslocada[11].

- **Sublimação** - "Processo postulado por Freud para explicar atividades humanas sem qualquer relação aparente com a sexualidade, mas que encontrariam o seu elemento propulsor na força da pulsão sexual. Freud descreveu como atividade de sublimação, principalmente a atividade artística e a investigação intelectual."

11 Nesses casos há regressão a comportamentos anteriores também, já que o adulto sabe que os objetos não são fontes nem causa dos sentimentos acumulados de frustração e agressividade.

Diz-se que a pulsão é sublimada na medida em que é derivada para um novo alvo não-sexual ou em que visa objetos socialmente valorizados. (p.638)

De acordo com os autores do verbete apresentado, Freud não aprofundou teoricamente este mecanismo do ego, embora o mesmo faça parte da sua teoria geral, principalmente nos modelos dinâmico e econômico, já que a energia é deslocada para outro objeto e/ou atividade socialmente aceita.

A esse respeito Rappaport et al. (1981) fornecem os seguintes exemplos de sublimação:

> Os desejos sexuais intensos podem gerar, por sublimação, um grande fotógrafo. O desejo pelas mulheres fica sublimado em fotografá-las. Os desejos onipotentes de domínio da sociedade podem gerar um bom sociólogo. Os desejos agressivos contidos e sublimados podem gerar um bom cirurgião ou dentista. (p.33)

Será que nós professores nos deixamos contaminar por *sublimações externas* a cada um de nós quando, até hoje, para não remunerar melhor o magistério, insistem no *sacerdócio* e na segunda mãe?

As primeiras mulheres que ousaram trabalhar fora talvez tivessem que sublimar seus desejos de independência econômica e social adotando a profissão socialmente aceita. Quem sabe isso não explique algumas atitudes recorrentes em nossa profissão[12]?

A inclusão deste item no livro objetivou uma compreensão em nível psicológico de muitas atitudes e comportamentos que ocorrem no contexto familiar, educacional e em qualquer outro setor profissional ou não da sociedade.

Não nos cabe, evidentemente, fazer diagnósticos e neles basearmos nossas relações interpessoais em nível individual. Na verdade, foi uma tentativa de aproximar Psicologia, Psicanálise e Educação, fornecendo elementos para que a dimensão psicológica colabore para melhor entendermos como fenômenos educacionais são, na verdade, multidimensionais.

---

12 O ingresso da mulher na educação escolarizada e no magistério deve, com certeza, ser estudado em disciplinas como História da Educação e Educacão Brasileira.

3.3 - A contribuição de Erik Erikson sobre as oito idades do homem

A Psicanálise, mesmo tendo sido recebida com muitas restrições em meios médicos e acadêmicos, começou, por outro lado, a despertar muito interesse de psiquiatras, psicólogos, já no final do século XIX.

As razões que geram críticas como a noção de inconsciente, a ênfase na sexualidade desde a infância, os riscos da transferência entre analista e paciente, etc. eram importantes em uma época de valores muito rígidos como foi a era vitoriana.

Rosa (2002, p.123), ao considerar a Psicanálise uma ruptura com o pensamento filosófico e suas decorrências, afirma:

> Quando nos referimos a uma *ruptura* realizada pela Psicanálise em relação ao conhecimento predominante na época de seu surgimento, estamos nos referindo principalmente às relações entre o pensamento de Freud, o Positivismo e o próprio projeto de Psicologia, proposto por Wilhelm Wundt (1832-1920).

Assim como a Psicanálise se pretendia um saber científico, correntes epistemológicas mais radicais no sentido da utilização de comprovação científica nos modelos das ciências exatas não a considerava sequer ciência. Foram evocadas as dificuldades de comprovar hipóteses, impraticabilidade de comprovação empírica dos enunciados, experiências não acessíveis a outros pesquisadores, pouco ou nenhum poder preditivo dos efeitos dos traumas, complexos, etc.

Assim, temos os que aceitaram a Psicanálise e os que a rejeitaram.

Dentre os que se inseriram no movimento psicanalítico, as dissidências surgiram desde o início, como ocorreu com Breuer, Jung, Adler, entre outros.

Na segunda geração, já no século XX, outros teóricos, como Melanie Klien, Anna Freud, Ernest Jones, Erich Fromm e mais recentemente Lacan, Winnicott, etc.

No contexto e objetivos deste livro, julguei que seria interessante escolher um teórico da Psicanálise que pudesse ampliar os conceitos apresentados anteriormente e que, ao mesmo tempo, contribuísse para lançar novos enfoques para a prática educativa.

O texto escolhido é uma entrevista, o que, de certa forma, torna as idéias mais objetivas e a possível discussão mais organizada por temas abordados.

Esta entrevista de Erik Erikson, feita por Richard I. Evans, faz parte do livro *Construtores da psicologia*.

Embora apresentando apenas trechos, sua contribuição para este livro é bem relevante, pois o autor, com seus estudos sobre os oito estágios do homem, nos permite ir além da infância e da adolescência.

Sua perspectiva teórica de base psicanalítica apresenta um componente muito especial que é a preocupação psicossocial.

Erik Erikson nasceu em 1902 e foi um imigrante. Sendo europeu, foi para os Estados Unidos, passou por duas guerras mundiais e faleceu em 1994.

Além das preocupações com o processo de desenvolvimento geral, estudou personalidades com ênfase nos aspectos históricos e culturais: Lutero, Hitler e Gandhi.

Inicialmente apresentamos uma síntese do próprio Evans, o que auxilia a compreensão da proposta teórica de Erikson[13].

> "Usando as teorias de Freud como fundo e como base para comparação, o professor Erikson e eu discutimos os seus conceitos dos oito estágios do homem, com seus traços psicossociais paralelos e virtudes ou capacidades emergentes, tais como esperança, propósito e competência. Ele esboça seu modelo de desenvolvimento, a partir da experiência de confiança e desconfiança da criança e o começo da esperança, através da procura de identidade do adolescente, a procura de intimidade do jovem adulto e a resolução da crise da velhice. Em cada estágio, o professor Erikson explica a escolha do enfoque e permite-nos acompanhar o pensamento que levou à conceitualização desse modelo."
>
> Comparando seus conceitos com os de Freud, Erikson diz:
>
> Entendi gradualmente que qualquer observação original já implica uma mudança na teoria. Normalidade e patologia mudam com as culturas e cada período oferece novos *insights*".
>
> Ele discorre particularmente sobre o período da crise de identidade na forma como ela atinge adolescentes, mulheres da

13 Não incluímos as partes relativas às figuras históricas por não serem pertinentes ao texto, embora muito interessantes.

> cultura de hoje, e como se aplica à vida posterior.
> O professor Erikson conclui nossa discussão com uma análise comparativa psico-histórica de Hitler na Alemanha nazista, e Gandhi na Índia. (EVANS, 1976, p.337-8)

No início da entrevista, Evans faz referência à fase oral como primeiro estágio do desenvolvimento psicossexual. "O senhor enfatiza, do ponto de vista psicossocial, a confiança básica versus desconfiança básica", diz Evans (ibid., p.340).

Erikson esclarece alguns pontos, terminando a resposta da seguinte maneira:

> A oralidade - quer dizer, um complexo de experiências centradas na boca - se desenvolve nas relações com a mãe que alimenta, que tranqüiliza, que abraça e que aquece; e é por isso que me refiro a este primeiro estágio como oral, sensorial e cinestésico. A primeira coisa que aprendemos na vida é sugar. Agora, a atitude psicossocial básica a ser aprendida desse estágio é que você pode confiar no mundo, sob a forma de sua mãe. Além do mais, as mães em diferentes culturas, classes e raças devem ensinar essa confiança de diversas maneiras, de modo que ela seja adaptada à sua versão cultural do universo. Mas, aprender a desconfiar também é muito importante. (EVANS, 1976, p.341)

O segundo estágio corresponde à fase anal no desenvolvimento psicossocial de Freud. Para Erikson, esta etapa se caracteriza pelo traço psicossocial autonomia *versus* vergonha e dúvida.

Segundo o autor, quando a criança aprende a controlar os *esfinters,* passa a aprender o que ela pode *querer* com eles. Nesta fase há uma ligação com o desenvolvimento geral e também com a agressão: "basta pensar nos palavrões". Erikson conclui a resposta sobre este estágio afirmando:

> Mas a passagem do primeiro para o segundo estágio marca também uma daquelas *crises* humanas difíceis. Só quando a criança tiver aprendido a confiar em sua mãe e a confiar no mundo é que ela pode passar a ter vontade própria e precisa arriscar a sua confiança, a fim de ver o que ela, como indivíduo digno de confiança, pode querer. As culturas têm formas diferentes de cultivar ou destruir esta vontade. Algumas usam

> a vergonha, que pode ser uma forma terrível de auto-alienação para o homem. (EVANS, 1976, p.342)

Erikson insiste que um sentimento de inferioridade pode persistir se o sentimento de vergonha prevalece sobre o de autonomia.

Neste ponto já podemos perceber que o modelo teórico de Erikson sobre o desenvolvimento psicossocial é epigenético. *Epi* significa *sobre* e *gênese* significa *aparecimento*.

Segundo Erikson:

> Epigênese significa que um item se desenvolve em cima de outro, no espaço e no tempo, e isto me pareceu uma configuração simples e suficiente a ser adotada para os nossos objetivos. Mas é claro que incluo uma hierarquia dos estágios, não apenas uma seqüência[14]. (EVANS, 1976, p.342)

A *terceira idade*, isto é, o terceiro estágio psicossocial corresponde ao estágio fálico, de Freud. Depois de tecer considerações sobre certos exageros no entendimento do complexo de Édipo, principalmente no caso feminino, Erikson afirma que se trata mais de uma primeira experiência ontogenética de superação de gerações, de crescimento e de morte.

Sendo a iniciativa o pólo positivo deste período, a autor esclarece:

> A criança começa a vislumbrar metas para as quais a sua locomoção e cognição a prepararam. A criança também começa a pensar em ser grande e identificar-se com pessoas cujo trabalho ou cuja personalidade ela pode entender e apreciar. O *propósito* envolve esse complexo global de elementos. É durante este período que se torna incumbência da criança reprimir ou redirigir muitas fantasias que se desenvolveram no início da sua vida. Paradoxalmente, ela continua a sentir culpa por suas fantasias. (EVANS, 1976, p.343)

Assim, entendemos que o pólo negativo deste estágio é a culpa.

Freud chamou de latência o período que antecede a adolescência, no qual as energias sexuais da criança ficariam mais reprimidas e a

14 O modelo de Piaget sobre desenvolvimento cognitivo também é epigenético, ou seja, cada estágio decorre das características já alcançadas nos anteriores.

criança mais livre para se concentrar e aprender. Erikson, incluindo aspectos psicossociais paralelos, denomina este período de atividade *versus* inferioridade.

O autor chama a atenção sobre novos enfoques deste período:

> A psicanálise posterior vem mudando o seu enfoque de uma psicologia do *id* para uma psicologia do *ego*, tornando-se mais claro que o *ego* só pode permanecer forte em interação com instituições culturais, e também só pode permanecer forte quando as capacidades e o potencial inatos da criança são desenvolvidos. Há uma enorme curiosidade durante este estágio da vida - um desejo de aprender, um desejo de saber. (EVANS, 1976, p.343)

É nesta fase da vida que a criança entra para a escola, amplia suas relações de amizade, etc., podendo ou não começar a se afirmar nas esferas cognitivas, de construção de competências[15].

O período seguinte polariza identidade *versus* difusão do papel. Correspondendo ao período da adolescência, haverá melhores condições de desenvolvimento de identidade se o ego vem de resoluções positivas das etapas anteriores. O ego maduro surge depois da adolescência.

Em uma fase em que inúmeras transformações ocorrem (físicas, psíquicas, sociais, sexuais, etc.) o adolescente sofre pressões qualitativas e quantitativas de impulsos conflitantes. "Com base no desenvolvimento cognitivo, a pessoa jovem está procurando uma estrutura ideológica com a qual enfrentará um futuro de vastas possibilidades." (idem, p.345)

Os adolescentes se vêem sob as influências de várias idéias, valores, estilos de vida, etc., muitas vezes contraditórios entre crença na tecnologia, por exemplo, ou uma valorização mais positiva do humanismo.

Para Erikson, *identidade* "significa uma integração de todas as identificações[16] e auto-imagens anteriores, incluindo as negativas... Em outras palavras, a formação de identidade é, de fato, uma reconstrução de todas as identificações anteriores à luz de um futuro antecipado." (EVANS, 1976, p.346)

---

15 Para nós educadores, estas constatações de Erikson são de maior importância. A criança está se alfabetizando e o fracasso escolar pode gerar um sentimento de inferioridade social e pessoal.

16 *Identificação* é um dos mecanismos do ego, apresentado no item anterior.

Erikson, ao mencionar a variedade de papéis que se colocam para o adolescente, levanta aspectos positivos e negativos para a identidade do adolescente, fruto das alternativas que lhe são apresentadas como possíveis, inclusive as de conformista numa subcultura delinqüente.

Nas palavras do autor:

> Por muitíssimo tempo deixamos de ver que o adolescente delinqüente, também, está procurando uma oportunidade de se conformar com alguma subcultura, de ser leal a algum líder e de mostrar e desenvolver alguma espécie de fidelidade. Há muito poucas pessoas realmente más no mundo, e acho que elas podem ser mais encontradas entre aquelas que desperdiçaram sua juventude. Aqueles que se tornaram delinqüentes apenas foram postos de lado, simplesmente porque falhamos com eles, e se falhamos em reconhecer esses fatos, eles se perderão. (EVANS, 1976, p.347)

Em seguida, Evans conduz a entrevista para situações pós-adolescência, o que, de fato nos interessa muito porque, em geral, a Psicologia da Educação chega até ao final das duas primeiras décadas da vida e não trata do jovem/adulto e do adulto.

Erikson começa a abordar as três últimas idades do homem, relembrando o fato de ter sido imigrante, o que gera necessariamente situações novas (língua, paisagem, cultura, etc.) que podem desencadear novas crises.

A situação da mulher, considerada a parte mais frágil da teoria freudiana[17], também é proporcionadora de momentos de redefinições de identidades.

O estágio adulto/jovem introduz a intimidade *versus* o isolamento.

Ao responder a Evans se as ultrapassagens positivas das questões de identidade podem conduzir a questões de relacionamento com outros, Erikson responde:

> É claro, quero dizer alguma coisa mais - quero dizer relacionamentos íntimos, como amizade, amor, intimidade

---

17 Para Erikson, se a mulher sentia inferioridade frente ao homem, também é verdade que o homem inveja a maternidade feminina. Talvez Freud tenha generalizado uma situação de mulher própria da época em que ele viveu.

> sexual e, até mesmo intimidade consigo próprio, os recursos internos, escala de excitamentos e engajamentos da pessoa. Intimidade é realmente a habilidade de fundir a sua identidade com a de outro, sem temor de estar perdendo alguma coisa de si mesmo. É este desenvolvimento da intimidade que torna o casamento possível enquanto uma ligação escolhida. Quando não está bem desenvolvido, o casamento torna-se inexpressivo. Porém, é claro, que, algumas vezes, o desenvolvimento interno espera por esta ligação formal. (EVANS, 1976, p.349)

A *sétima idade do homem* corresponde à fase adulta, e a polaridade se dá entre a generatividade *versus* estagnação.

O autor esclarece que optou pela palavra generatividade ao invés de criatividade, por ser aquela mais ampla, implicando tudo que é produzido a cada geração: crianças, produtos, idéias, obras de arte. O termo *cuidado* é importante na medida em que o adulto *cuida das coisas*, tem cuidados com outras pessoas, cuidando para que nada destrutivo aconteça.

A estagnação pode provocar um sentimento de mesmice, rotina, de falta de compromisso com a vida, com as coisas.

Sendo o período de atuação profissional, pode estar associada à frustração.

O estágio final é a velhice e a maturidade. Erikson contrapôs a integridade do ego à desesperança, sendo que a sabedoria seria a virtude desse período.

Diante destas afirmações de Evans, Erikson responde:

> Não estou satisfeito com o termo *sabedoria*, porque para alguns parece significar um empreendimento muito árduo para toda pessoa velha. É perfeitamente óbvio, também, que se vivermos o bastante, nós todos nos defrontaremos com a renovação de tendências infantis - uma qualidade semelhante à de criança se tivermos sorte, e uma infantilidade senil se não tivermos. A questão principal é, novamente, a do desenvolvimento: só na velhice pode-se desenvolver a verdadeira sabedoria, naqueles que têm dotes para tanto. E na velhice, uma certa sabedoria deve amadurecer, no sentido de a pessoa velha chegar a apreciar e a representar algo da sabedoria das idades, ou pleno juízo do novo. (EVANS, 1976, p.350)

A análise desta etapa da vida é cada vez mais pertinente, não só porque estamos vivendo mais, como a vida destas pessoas vem-se modificando cada vez mais. O que era inadmissível há vinte anos atrás, hoje já se tornou uma nova maneira de envelhecer aceita e incentivada.

Assim, a teoria de Erikson nos integra enquanto jovens, adultos e futuros idosos como objeto de estudo da Psicologia da Educação, como alunos e/ou professores.

No capítulo sobre jovens e adultos, apresentado neste livro, será interessante retornar às contribuições de Erikson.

4
Como integrar uma nova área: as neurociências

A decisão de introduzir as neurociências em um livro de Psicologia e Educação não se faz sem riscos de críticas. Dentre as mais sérias seria a de tentar promover um novo reducionismo, qual seja, tudo explicar pelo fisiológico, pelo biológico, pelo anatômico e pela hereditariedade, etc. Poderia significar a vitória de um novo inatismo neurológico.

De fato, já houve tempo em que o fracasso escolar (evasão e repetência) era explicado pela *disfunção cerebral mínima*, embora ninguém soubesse bem do que se tratava[1].

Um bom começo é lembrar da quantidade enorme de pessoas (alunos e adultos) que sofreram por serem canhotos quando a maioria dos *normais* era destra.

Castigos, mãos amarradas, exercícios repetidos tentavam *consertar* o que era considerado uma falha, um erro e ou uma teimosia.

Com o conhecimento da existência da dominância (preponderância) de um lado, esquerdo ou direito, e que esta resultava da dominância da região do cérebro-hemisfério *direito* ou *esquerdo* - em algumas pessoas, a pessoa canhota simplesmente tem o hemisfério direito dominante, ao contrário da pessoa destra, que tem o hemisfério esquerdo dominante - as crianças passaram a ser respeitadas em suas características naturais. Hoje, já existem carteiras individuais para destros e para canhotos, coisa impensável há décadas atrás. Jogadores de futebol canhotos são *desculpados*

1 Esse tema tem sido retomado com os estudos sobre a hiperatividade.

por errar o chute quando as circunstâncias da jogada só permitem chutar com o pé direito!

É verdade que o mundo ainda é feito para os destros (máquinas de costura, automóveis, portas, etc.), mas o conhecimento sobre a fisiologia do cérebro vem acabando com preconceitos.

Poderíamos continuar citando como os disléxicos foram considerados desatentos, pouco inteligentes, por apresentarem dificuldade na alfabetização, troca de letras (p/b, d/t, c/g) quando já alfabetizados. A dislexia (termo introduzido por Ranschburg em 1916) é decorrência de problemas neurológicos que ocasionam dificuldades, mesmo em pessoas com inteligência normal ou mesmo superior. Sem o conhecimento do que ocorre no cérebro fica impossível superar o problema com castigos e preconceitos.

Os *esquecidos*, os *cabeça de vento*, os *que não prestam atenção* também foram vítimas de um desconhecimento de como funciona a memória enquanto fenômeno altamente complexo.

Para Jaffardd:

> Analisada inicialmente como um fato, cujas manifestações e fracassos só poderiam ser avaliados em termos psicológicos, a memória se tornou, aos poucos, tema da neurobiologia. Esse esforço de *naturalização* foi guiado por algumas questões fundamentais (formas de memória, natureza das representações, consolidação) que já haviam sido formuladas e *pensadas* há mais de um século. A perspectiva adotada hoje é a de uma *neurociência cognitiva da memória*, que privilegia o elo entre diferentes níveis de análise (da psicologia cognitiva à biologia molecular). Além de proporcionar um melhor conhecimento, as pesquisas sobre memória pretendem também remediar as falhas de faculdade. Afinal, tendemos a esquecer os incríveis serviços que ela nos presta em todos os momentos da vida[2].
> (JAFFARD, 2005, p.7)

São objetivos da neurociência[3]:

---

2 Robert Jaffard é diretor do Laboratório de Neurociências Cognitivas da Universidade de Bordeaux - França. Ver referência na bibliografia.

3 Muitos dados aqui apresentados sobre definição e objetivos da neurociência foram obtidos na Internet, e a maioria nos autores citados.

- descrever a organização e o funcionamento do sistema nervoso, particularmente o cérebro humano;
- determinar como o cérebro se constrói durante o desenvolvimento;
- encontrar formas de prevenção e cura de doenças neurológicas e psiquiátricas.

Não podemos, pelos poucos exemplos citados, deixar de vislumbrar que sua contribuição para esclarecer fenômenos humanos será extremamente importante.

É nesta perspectiva que concordamos com Damásio:

> No decorrer das últimas décadas (do século XX) o trabalho em neurociência cognitiva tornou-se especialmente frutífero, pois o desenvolvimento de novas técnicas para observar o cérebro, visando conhecer sua estrutura e função, permite-nos agora associar determinado comportamento que observamos, clinicamente ou em um experimento, não só a um correlato mental presumido desse comportamento, mas também a marcadores específicos de estrutura ou atividade cerebral. (DAMÁSIO, 2000, p.30)

Em seguida, apresentamos um breve histórico de como este campo de conhecimento foi-se constituindo, quem dele participou e que possibilidades pode abrir para a Educação.

Eu aposto que muitas questões milenares da Filosofia, da Epistemologia, das religiões e da própria cultura poderão ser melhor conhecidas a partir deste novo campo multidisciplinar.

Zimmer descreve uma cena em que um homem é submetido a questões morais[4], mas está, no momento em que é submetido às perguntas, com a cabeça dentro de um equipamento chamado *scanner* de ressonância magnética.

Este equipamento é capaz de, tirando *fotos* do cérebro, recolher os ecos do pensamento de seu dono.

Para Zimmer, o cientista que faz a experiência, Greene:

---

4 As situações apresentadas implicam sempre decisões que dependem de valores morais. O que aparece de interessante é que áreas do cérebro são ativadas de forma diferente de quando as questões são simples e neutras do ponto de vista dos valores envolvidos.

> É um herdeiro intelectual de Thomas Willis - um entre milhares. Poucos conhecem Willis (1621-1675), mas a verdade é que ele inaugurou uma tradição, na qual seus herdeiros hoje trabalham.
> Ele construiu uma nova ciência da alma, ciência essa que combina o estudo anatômico do cérebro humano com as comparações entre cérebro humano e animais, experimentos, e observação médica. O trabalho de Willis erigiu os quatro pilares sobre os quais o peso da neurociência se apóia hoje. (ZIMMER, 2004, p.296)

Thomas Willis, inglês que viveu em um período efervescente em termos de surgimento de novos campos de saber científico, em Oxford, no século XVI, anunciou a Era Neurocêntrica. Ele revolucionou os conhecimentos da época, assim como William Harvey transformou radicalmente as doutrinas vigentes sobre o coração e o sangue, ao descobrir a circulação do sangue e a função de cada órgão (coração, pulmão, veias e artérias).

Foi a sua estratégia de relacionar anatomia, experimentos e observação que fez de Willis o precursor da pauta da ciência neurológica no século XXI.

Para melhor compreender o período em que ele viveu, vale lembrar que os estudiosos discutiam e contrapunham o pensamento de Aristóteles e de Galeno, princípios e métodos da Alquimia.

Willis foi contemporâneo de Hobbes e Locke, importantes figuras do pensamento filosófico e de ciência política, bem como de Boyle, pai da química científica.

Depois de séculos e descobertas parciais[5], assistimos, no século XX, a um grande avanço no conhecimento do cérebro, que passa a ter impacto social. Trata-se da contribuição da Neurociência, que estuda o sistema nervoso em uma perspectiva multidisciplinar.

Disciplinas diferentes, como a Biologia, a Química, a Física, a Eletrofisiologia, a Matemática, a Farmacologia, a Genética, entre outras, são necessárias para que se compreenda a origem das funções nervosas,

---

5 Leonardo da Vinci (1452-1519), em plena Renascença, foi o primeiro a fazer desenhos de anatomia com base nas observações que sua imensa curiosidade motivava. Fez descobertas significativas nos campos da Neuroanatomia e Neuropsicologia. Muitos desenhos e anotações só foram publicadas no início do século XX. Conferir em: "Leonardo da Vinci, neurocientista" - Texto de Jonathan Pevsner, na bibliografia.

exatamente aquelas mais sofisticadas, importantes para a Psicologia e a Educação, como o pensamento, as emoções e os comportamentos.

Cientistas e filósofos[6] são obrigados a se recolocar questões tais como: O que é a consciência e a mente humana? Por que experimentamos emoções? Por que aparecem as doenças psiquiátricas ou neurológicas?

Ao consultarmos a bibliografia já disponível, fica evidente que a concepção evolutiva é central na neurociência.

O sistema nervoso aparece basicamente como uma necessidade dos animais para mover-se e deslocar-se. Sem captar as características do meio ambiente, fazer uma representação mental adequada da realidade exterior e interior e produzir o impacto de suas ações, os animais não teriam como se locomover. O sistema nervoso é antecipatório e realiza permanentemente hipóteses ou representações sobre o mundo externo[7].

Continuando com a história, um avanço importante foi alcançado por Paul Broca, um neurologista francês que estudou e fez importantes descobertas sobre os mecanismos da fala e a localização do centro da fala.

De acordo com Luria:

> Já em 1861, o anatomista francês Broca mostrou que a afecção do terço posterior da primeira circunvolução frontal do hemisfério esquerdo provoca uma forma patológica específica, onde o paciente perde a possibilidade de falar, mesmo conservando a capacidade de compreender a linguagem que lhe está dirigida e não apresentando paralisia do aparelho motor cerebral. (1986, p.214)

Broca fez suas descobertas sobre a organização cerebral da atividade verbal utilizando, entre outros métodos, o estudo em cérebros de pessoas mortas que se apresentavam incapazes de falar quando ainda vivos, e que haviam sofrido danos nesta área.

Esta estratégia de estudar pessoas com lesões cerebrais que apresentam comportamentos pouco usuais, surpreendentes, patológicos, foi, durante muitas décadas, o recurso mais utilizado por cientistas

---

6 Ler e debater o texto que se segue: Somos livres para agir?, de Michael Pauen, neste capítulo.

7 O leitor já deve estar relacionando estas questões propostas pela Neurociência com comentários e citações que fizemos no capítulo sobre construtivismo e interacionismo.

interessados em descobrir quais as relações entre organismo, cérebro e a mente.

Luria, Damásio, Izquierdo, entre outros cientistas, descrevem casos relativos à perda de massa encefálica, derrames (AVC), doenças degenerativas, alcoolismo crônico, etc., que pouco a pouco foram fazendo com que descobertas importantes fossem sendo obtidas. Essas descobertas, muitas vezes fruto da intuição, tempos depois foram confirmadas, superadas ou demonstraram possuir acertos parciais. Izquierdo (2004) nos relembra casos famosos:

> Ramón y Cajal postulou, em 1893, que as memórias têm sua base biológica em modificações estruturais das conexões utilizadas pelo cérebro durante sua aquisição[8]. As neurociências da época não estavam ainda maduras para acolher esse postulado. No início do século XX, Pavlov, na Rússia, considerava que as memórias eram gravadas através de *conexões temporais* entre neurônios do córtex cerebral. Freud, na Áustria, achava que era prematuro pensar ainda em bases neurológicas para os processos mentais, e postular enteléquias tais como o *ego*, o *superego* e o *id* e outras para explicá-los. Ele, porém, reconheceu desde o primeiro momento que pesquisas neurobiológicas futuras iriam demonstrar a validade ou não desses conceitos e sua relação fisiológica. (p.81)

Um marco histórico para a Neurociência foi, como já mencionado, a utilização do *scanner* de ressonância magnética.

Foi em 1972 que um engenheiro de computação, inglês, chamado Hansfeld, em trabalho conjunto com um neuroradiologista, revelou pela primeira vez as partes internas de um cérebro. O sistema foi denominado por eles tomografia axial transversa computadorizada.

Segundo Freedman e Freedland (1999, p.191-2):

> As imagens, reveladas inicialmente em reuniões de radiologistas, causaram sensação. Pela primeira vez, tecidos moles complexos e câmaras líqüidas do cérebro podiam ser visualizados. Os radiologistas perceberam imediatamente que com esse novo

8 Izquierdo cita nas referências bibliográficas de seu livro a obra *Histologie du système nerveux de l'homme et des vertèbres*. Paris: Maboine, 1911, de Ramón y Cajal, à qual não tivemos acesso.

scanner de ct (computerized tomography) se podia identificar, não apenas os diversos tecidos do cérebro, como também outros tecidos moles do corpo e suas lesões[9].

4.1 - Algumas hipóteses para a Educação

Em seguida, por meio de citações longas, serão apresentadas algumas pesquisas e/ou reflexões sobre as possibilidades de descobertas de como as neurociências podem ampliar, confirmar e ou questionar objetos de estudo no campo da Psicologia e da Psicanálise, relacionadas com a Educação.

Iniciaremos com uma reflexão de Sacks (2005) sobre as descobertas recentes de que, sobre uma consciência primária, altamente eficaz, no sentido de ser adaptativa na luta pela sobrevivência, podemos passar para uma consciência humana "com o advento da linguagem, da autoconsciência e de noção explicita de passado e futuro. E é isso que dá continuidade à consciência de cada indivíduo" (p.36).

Várias afirmações como esta passaram por vários estágios e controvérsias entre cientistas, já no século XX[10].

Uma das questões mais polêmicas se refere à maior ou menor rigidez no modo do cérebro funcionar. Durante um período se comparou o cérebro ao computador programado e fixo no modo de operar.

Para Sacks (2005): "Hoje se aceita uma concepção muito mais biológica e convincente, a *seleção experiencial*, segundo a qual a experiência efetivamente molda a conectividade e o funcionamento cerebral (com limites genéticos, anatômicos e fisiológicos, é óbvio)." (p.34)

Mais adiante apresentaremos o texto de um filósofo sobre a questão da consciência.

Um exemplo das relações entre Psicologia e Neurociência é apontado por autores como Sacks, Penna, Herculano-Houzel, Izquierdo, entre outros. Vejamos alguns:

---

9 Foi Roentgen, em 1895, na Alemanha, quem descobriu o raio-X. Considerada uma das maiores descobertas da Medicina, o raio-X revolucionou os diagnósticos de problemas em vários órgãos, inclusive com o uso de contraste. O capítulo sobre Wilhelm Roentgen e os raios-X é muito interessante, não só pelos aspectos e fatos de como a ciência é um processo histórico e multidisciplinar, mas também pelas características humanas dos cientistas, seus receios, seus afetos e a forma como lidam com o sucesso e os bens materiais. Consultar bibliografia.

10 Consultar o glossário sobre consciência de acordo com Damásio.

Quando se discutia a validade da Psicometria medir a inteligência, Hebb (1971) já distinguia a diferença entre inteligência A e a inteligência B, sendo esta resultado dos processos de interação entre fatores genéticos e fatores ambientais, e que só esta poderia ser considerada. Preocupado com a importância da mediação nos processos de aprendizagem e motivação, Hebb sempre adotou uma abordagem neuropsicológica.

Em 1948, Hebb criou o seu conceito de *assembléia de células*, ou seja, que o pensar requer emprego de uma imensa população de neurônios e das conexões entre eles.

Sacks, em 2004, presta a seguinte homenagem a Hebb:

> Nenhum paradigma ou conceito, por mais original, surge subitamente. Embora a abordagem do tipo *population-thinking* em relação ao cérebro só tenha surgido na década de 70, houve um importante antecedente 25 anos antes, o famoso livro de Donald Hebb, *The organization of behavior*, escrito em 1949. Hebb procurou diminuir o abismo entre a neurofisiologia e a psicologia com uma teoria geral que pudesse relacionar processos neurais a processos mentais e, em particular, que mostrasse como a experiência podia modificar e de fato moldar o cérebro. O potencial para a modificação, na opinião de Hebb, residia nas sinapses que ligavam células cerebrais umas às outras - hoje sabemos que um único neurônio cerebral pode ter até 10 mil sinapses e que o cérebro como um todo possui mais de 100 trilhões, de modo que a *capacidade de modificação é praticamente infinita*. O conceito original de Hebb não tardou a ser confirmado e preparou o caminho *para novos modos de pensar*. Todo neurocientista que hoje estuda a consciência tem uma dívida para com Hebb. (p.34 - grifos meus)

Podemos, a partir destas considerações, rediscutir a concepção de interacionismo na Psicologia Cognitiva; como se dá a relação sujeito-objeto do conhecimento; a importância de oportunidades de construção de conceitos; a importância da riqueza de vocabulário, de imagens, de sons, etc. para crianças, jovens e adultos; se novas conexões são possíveis.

Izquierdo, ao enfatizar a importância que a leitura e a audição de palavras e o tato têm para deficientes auditivos, menciona várias atividades como jogos, palavras cruzadas, ver filmes, etc., considerando-as, também, muito importantes para praticar a memória, mas conclui:

> Mas nenhuma dessas atividades, fora a de ouvir relatos interessantes, se compara com a leitura em termos da multiplicidade de funções cerebrais envolvidas: a memória das letras, da linguagem, de imagens, a recordação do som das palavras que lemos ou de sua tradução em outras línguas que passamos a conhecer, o despertar de outras memórias colaterais (a de uma laranja) cada vez que lemos ou ouvimos certas palavras (árvore)... Sem temor de errar, podemos dizer que toda uma vida está contida neste jogo. (2004, p.53)

Assim, se considerarmos a alfabetização e o letramento[11] importantes instrumentos de acesso ao conhecimento de diferentes áreas científicas, artísticas e políticas, faz diferença a forma como as possibilidades de desenvolvimento daquelas competências e habilidades são oferecidas pela escola. Quando a leitura é mecânica e sem compreensão de sentido e significado, pode-se inferir que não haverá desenvolvimento da memória de trabalho, de curto prazo e longa duração[12], necessárias para saber ler e entender o que se lê. Em síntese, é imprescindível dar tempo ao cérebro para *trabalhar bem*!

Após fazer muitas pesquisas que incluíram a observação de aulas em escolas de Ensino Fundamental e Médio, sempre me coloquei dúvidas se o horário das aulas e a seqüência de disciplinas (a cada 50 minutos se muda de professor e disciplina) dariam efetivas oportunidades para os alunos assimilarem as informações e construírem conhecimentos

Acredito que estas considerações que se seguem valem também, tanto para uma prática docente/discente, baseada na memorização apressada, quanto para uma sucessão rápida de atividades em *métodos ativos*. Há muita ação, mas não há tempo para assimilação.

Em geral, de umas décadas para cá, criticou-se muito a memorização, considerada, acertadamente, *decoreba* de informações desconexas e/ ou inúteis. As não-aprendizagens ou pseudo-aprendizagens eram logo esquecidas ou nem chegavam a ser realmente aprendidas, no sentido de passar a fazer parte de um referencial consolidado para outros fatos, dados, princípios, leis, etc.

---

11 Consultar glossário.
12 Consultar glossário.

Talvez tenhamos caído no oposto, ou seja, não precisamos nos preocupar com a consolidação dos conhecimentos. De uma série para outra os alunos esquecem tudo, como em geral acontece.

As neurociências podem colaborar com a Educação, no sentido de chamar a atenção de como se dá o processo do arquivamento inteligente, como nos alertou Izquierdo, anteriormente, ao se referir à leitura.

Já sabemos que existem vários tipos de memória que se sucedem quando lidamos com a realidade, e delas retiramos e processamos informações e conhecimentos.

> Em primeiro lugar a *memória de trabalho*, que usamos para entender a realidade que nos rodeia e poder efetivamente formar ou evocar outras formas de memória: a que denominamos *de curta duração* e que dura umas poucas horas, o suficiente para que se possa formar a memória *de longa duração* (também chamada memória remota que dura dias, anos ou décadas). (Izquierdo, 2004, p.23)

Como exemplo de *memória de trabalho* os autores citam, por exemplo, que, quando falamos com alguém e se estabelece um diálogo, não nos lembramos de todas as palavras empregadas; vamos sim acompanhando o que está sendo dito de forma seqüencial, conservando o sentido das frases. Se nos lembrássemos de cada palavra, nosso cérebro/consciência ficaria confuso por excesso de palavras. Da mesma forma, quando lemos, vamos acompanhando o que está escrito sem nos lembrarmos de todas as letras, o que daria um congestionamento mental[13].

Assim, é da própria natureza da memória de trabalho perder informação, esquecer para podermos ir adiante sem que se tornem *informações simultâneas*. Para a memória de curto prazo precisamos de informações sucessivas, seqüências já com aproximações às aquisições anteriores ou memórias preexistentes.

13 Existem alunos que soletrando letra após letra não alcançam formar palavras, ou que, lendo palavra por palavra, não entendem a frase. Lembro-me que algumas vezes em minha vida como estudante não conseguia acompanhar o que o professor dizia. Em Matemática, era pior. Não conseguia acompanhar a demonstração de teoremas ou o desenvolvimento de uma fórmula de derivada, limite, etc. *por falta de base*. Acho agora que a falta de base começava por problema de memória de trabalho. Não dava nem para começar, quanto mais entender!!!

Estresse, falta de sono, exaustão e excesso de informações podem provocar falhas na memória de trabalho.

Saber estudar é fundamental e parece que a Neurociência nos alerta que não é um processo mágico. O respeito ao tempo e à forma de agir do cérebro é um componente importante. Já se sabia que quem estuda *só para a prova*, não sabe nada. Já temos algumas pistas neurológicas para serem levadas em conta.

Por outro lado, para melhor compreender nossas atitudes, nosso modo de agir, não podemos nos limitar à memória em particular, nem à consciência em geral, como forma de estar no mundo.

As emoções e os sentimentos vêm, de fato, merecendo muita atenção dos neurocientistas. Notam-se dois cuidados sempre presentes. O primeiro se refere a mencionar teorias já existentes, anteriores às novas pesquisas, sempre procurando rever postulados, evidências, etc. Outro cuidado se relaciona às dúvidas ainda existentes, resultado, tanto de enfoques teóricos e metodológicos diferentes, quanto à complexidade dos fenômenos envolvidos e os estudos que ainda estão em processo.

Vejamos uma afirmação de Le Doux (2005):

> As interações entre os mecanismos corticais e subcorticais no processamento das emoções são objeto de intenso debate; alguns neurobiólogos acreditam que a cognição, função reconhecidamente cortical, precede necessariamente a emoção; outros afirmam que o tratamento da emoção é um mecanismo cognitivo; outros ainda supõem que a cognição não intervém no tratamento das emoções. (p.71)

A Psicologia, em geral, sempre postulou que todos os fenômenos psicológicos de natureza cognitiva, motora, social, etc. continham em si uma energia que os tornavam possíveis. As emoções, enquanto energia, são antigas na filogênese.

Mudanças corporais ocorrem (expressão facial, postura corporal, mudanças na cor da pele, como palidez ou ruborização, sem falar nas internas, como taquicardia, contração intestinal, etc.). Como lembra Damásio: "emoção significa literalmente *movimento para fora*." (p.168)

Hoje se sabe que cada situação emocional não ocorre sem uma variedade de fenômenos hormonais e neuro-humorais[14] diferentes. As substâncias moduladoras da atividade nervosa no cérebro mais mencionadas nos estudos são a noradrenalina, a dopamina, a serotonina, a acetilcolina ou a beta-endorfina. As taxas de liberação dessas substâncias e as áreas onde atuam podem ser identificados no texto apresentado em seguida.

Na sessão "Seleção dos editores" da *Revista Neurociências*, lê-se um resumo e comentários de uma pesquisa realizada no Canadá, de autoria de Perreau Linck et al.[15] sobre emoções. O título é "Fingimento da verdade".

> Muito já se falou sobre o papel da serotonina na regulação das emoções por causa de distúrbios como a depressão. Em estados normais, no entanto, o que acontece com a serotonina enquanto se passa de alegria à tristeza, por exemplo? Para responder à pergunta, um grupo canadense pediu a sete atores profissionais que vivenciassem, dentro de um tomógrafo de emissão de positrons, alegria e tristeza, e um estado emocional *neutro*, enquanto a captação de um traçador radioativo, derivado do tripto/ano, indicava variações na capacidade de síntese de serotonina em seu cérebro. Como bons atores, os voluntários indicaram tirar a tarefa de letra. O grupo relata o que se passava no cérebro dos atores na alegria e na tristeza. Na alegria, a síntese de serotonina aumenta no globo pálido, tronco encefálico e algumas áreas corticais, e diminui no putâmen e em outras áreas corticais. Na tristeza, a síntese de serotonina diminui somente no córtex, e aumenta no tálamo e outras áreas corticais. Os resultados indicam que emoções diferentes estão relacionadas a diferenças regionais no metabolismo da serotonina. E ainda comprovam que o ator que você vê rir e chorar no palco engana não só você, como também a si mesmo. (p.125)

Damásio (1996), ao tratar da especificidade do mecanismo neural subjacente às emoções, menciona, também, a questão de como os atores expressam suas emoções, ou melhor, as emoções de seus personagens.

---

14 Humorais eram os fluidos corporais sempre citados pelos antigos. Conferir em Zimmer.

15 *Revista Neurociências*, vol.1, nº 3, nov e dez de 2004.

Menciona duas técnicas: ou por meio de uma criação habilidosa, sob o controle da vontade, fazem movimentos, expressões que sugerem emoção, de forma que os outros se sintam empaticamente mobilizados, ou criam realmente as emoções, não apelando assim para a simulação.

No primeiro caso podem surgir *canastrões* que não sabem fingir o que não sentem, e no segundo pode haver excessos desencadeados pela emoção verdadeira. Nestes dois casos teríamos os maus atores.

Há muitos anos se sabe que a alegria verdadeira requer movimentos involuntários de músculos no rosto. Se a alegria não for sincera temos os famosos sorrisos de cortesia ou forçados, que não contagiam[16].

Para Damásio a carreira de atores e dos políticos depende desse arranjo simples e incômodo da neurofisiologia (págs.170 a 172).

E nós, profissionais da Educação, sabemos o que a expressão de nossas emoções pode provocar na turma ou em algum aluno querido ou que nos desagrada?

Damásio, retomando o tema em outro livro - *O mistério da consciência*, ilustra o que entende por emoções de fundo:

> Quando percebemos que uma pessoa está *tensa*, ou *irritadiça*, *desanimada* ou *entusiasmada*, *abatida* ou *animada*, sem que nenhuma palavra tenha sido dita para traduzir qualquer um desses possíveis estados, o que detectamos são emoções de fundo[17]. Detectamos emoções de fundo por meio de detalhes sutis, como a postura do corpo, a velocidade e o contorno dos movimentos, mudanças mínimas na quantidade e na velocidade dos movimentos oculares e no grau de contração dos músculos faciais. (2000, p.75-6)

Apesar de alguns psicólogos e educadores terem mencionado a importância das formas de comunicação não-verbal, muito ainda precisa ser estudado no sentido de seus efeitos sobre a qualidade de relação pedagógica.

---

16 Os músculos são o grande zigomato, em volta da boca, e o orbicularis oculi, em torno dos olhos.

17 Emoções de fundo são, para Damásio, produzidas no meio interno e nas vísceras e permitem sentimentos de relaxamento ou tensão, fadiga ou energia, ansiedade ou apreensão. Sobrevivem a doenças neurológicas, mas são comprometidas quando a consciência central também o é (p.77).

Apesar de toda ênfase na postura do dever ser, em que a relação professor-aluno é idealizada como uma relação de troca, de afeto, de acolhimento, sabemos que tanto as condições de trabalho e outros fatores vêm condicionando as formas como os professores exercem suas funções, bem como os diretores e demais funcionários da escola e das instâncias intermediárias.

A relação aluno-escola, não sendo isenta dos fatores internos e externos à própria escola, pode e vem determinando muitos quadros de emoção profunda acima mencionada. Retomaremos o tema.

Os alunos também demonstram seus níveis de insatisfação, tédio, receios, ou então, entusiasmo, ao professor e à escola (nos corredores, no recreio, nas reuniões mais simples, quando um projeto é colocado em discussão).

Freqüentemente, quem observa o que se passa no interior da escola percebe dois níveis de interação. O verbal, apontando em uma direção, e o não-verbal, em outra. Exemplos podem ser citados no sentido de como os preconceitos e as discriminações reforçam tremendamente a falta de empenho do professor em buscar novas estratégias pedagógicas para passar confiança realista e não apenas frases feitas[18].

Tanto professores quanto alunos, se se *olhassem* de uma forma mais desarmada e mais produtiva para a aula *boa*, mas que não motiva ninguém, mesmo sem entrar em detalhes pessoais sobre as suas causas, podem parar e discutir por que tanto desligamento, tanta distância, tanta falta de comunicação entre as pessoas.

Toda pessoa, assim como os animais, sempre atua em um determinado estado emocional, e este tem relação com o que a Psicologia da Educação sempre se interessou, isto é, a motivação.

O que queremos enfatizar é que não há receitas para motivar professores e alunos, se as profundas causas das emoções de fundo não forem incluídas nas análises. "Eu faço tudo para motivar meus alunos! Não sei por que não consigo. Estão sempre apáticos!" Podemos inverter

---

18 Em pesquisas realizadas na rede pública de ensino e na antiga Funabem, ouvi muitos professores repetir *você é inteligente, você vai aprender*, quando sua postura era muito mais coerente com o não-esforço de tentar novas estratégias para tornar os assuntos acessíveis aos alunos com dificuldades até de entender o que estava sendo ensinado ou cobrado em exercícios regulares e/ou em provas.

os pólos da relação[19]. Existem professores, diretores, etc. também falando por meio do corpo.

Vejamos em seguida um texto de um filósofo que discute a questão de consciência face à Neurociência.

4.2 - O que diz um filósofo?

Somos livres para agir[20]?

O modo como se produz a consciência determina se podemos considerar fetos como indivíduos, se aos tribunais cabe imputar-nos responsabilidades por nossas ações, e define outras relevantes questões dessa ordem.

Segunda-feira de manhã, e o Sr. P. sai de casa para tomar o ônibus que o conduzirá ao trabalho. É o fim de inverno e um vento frio ainda sopra, mas enquanto caminha pela calçada um raio de sol bate-lhe no rosto. *Que calor agradável!*, ele pensa, e decide ir a pé para o escritório, embora isso signifique dez minutos a mais do que o trajeto de ônibus. Faz meia-volta e dirige-se para o centro da cidade.

Essa situação é tão prosaica que, antes mesmo de atingir o próximo quarteirão, o Sr. P. já se esqueceu completamente dela. Os filósofos, entretanto, identificam aí problemas muito complexos que os têm mantido ocupados por mais de 200 anos. De alguma maneira os nervos na pele do Sr. P. e os neurônios em seu cérebro registram o brilho do sol na face como uma sensação que lhe pareceu *agradável*, e foi isso que o fez tomar deliberadamente uma súbita decisão. Todo mundo já experimentou situações desse tipo, mas ninguém sabe qual é exata conexão entre uma simples atividade neuronal, a resposta

19 Um grupo de alunos de uma das muitas turmas de Psicologia da Educação observou e entrevistou alunos e professores do antigo supletivo. O que mais os chocou foi o fato de os alunos (jovens e adultos) terem *pena* do cansaço e desânimo dos professores, pois estes tinham uma vida muito sacrificada. Ora, se o professor é o representante institucional da importância do conhecimento aceito pela sociedade, quais os possíveis efeitos sobre os alunos? Os textos de Erik Erikson e de Alicia Fernandez deveriam complementar essas reflexões.

20 Michael Pauen é professor de Filosofia da Universidade Otto von Guericke, em Magdeburgo, Alemanha. Tradução de José Oscar de Almeida Marques.

subjetiva a ela e o livre exercício da vontade. Será que a atividade neuronal e a sensação agradável são, em última análise a mesma coisa, ou essa sensação consciente surge como efeito secundário da atividade nervosa?

A questão é um exemplo do famoso problema mente-corpo: qual é a relação entre os processos físicos do corpo e da consciência? O cérebro e a mente são uma mesma entidade ou duas entidades diferentes? Já há algum tempo sabemos que processos conscientes estão baseados principalmente no córtex cerebral, mas informações mais recentes e detalhadas indicam que a consciência tem componentes processados em diferentes áreas do cérebro. Com o progresso das pesquisas, logo conheceremos a base neuropsicológica da consciência, e os neurocientistas e cientistas cognitivos poderão neste momento substituir os infindáveis debates filosóficos por descrições científicas objetivas.

Ou será que, ao contrário, os neurocientistas acabarão levantando uma série de novas questões filosóficas fundamentais? Vamos supor que os pesquisadores descubram que chegamos a nossas crenças, julgamentos e decisões por meio de um processamento direto de informações pelos neurônios. Isso significaria que o Sr. P. não tomou a decisão de caminhar até o trabalho de livre e espontânea vontade, mas reagiu como fantoche absolutamente guiado pela particular conexão dos neurônios em seu cérebro?

Seja qual for a resposta, a questão mostra que as atividades cerebrais estão ligadas de modo inextricável à concepção dos seres humanos acerca de si mesmos. Precisamos, portanto, recorrer à filosofia para avaliar os avanços biológicos na solução do quebra-cabeça da relação mente-corpo. Como os processos cerebrais se relacionam à consciência? Será possível explicar cientificamente a consciência? E, nesse caso, como esses resultados influenciariam nossa auto-imagem de seres dotados de livre-arbítrio e responsáveis pelas próprias ações?

Nada mais que neurônios

Para muitos filósofos, durante séculos, a mente era uma entidade autônoma, freqüentemente concebida como um *homúnculo*, ou um ser humano em miniatura, capaz de observar o que ocorria no cérebro. Hoje a consciência é considerada comumente como a representação de um grupo de processos mentais - tais como crenças, desejos ou sentimento de temor - experimentados diretamente de uma perspectiva pessoal. *Diretamente* significa estarmos conscientes desses estados sem depender de informações de nossos sentidos, nem chegar a nenhuma conclusão.

Assim, enquanto o Sr. P. caminha, formula diversas hipóteses sobre o que outras pessoas na rua estão pensando ou sentindo, baseando-se em expressões faciais ou outras informações que ele experimenta indiretamente, através do filtro de seus sentidos. Em contrapartida, o Sr. P. tem acesso direto a seus próprios pensamentos e desejos, e esse é um acesso que apenas ele tem.

Isso nos conduz à primeira questão formulada anteriormente: como os processos cerebrais se relacionam à consciência? Há dois pontos de vista dominantes na filosofia quanto à abordagem desse problema: os dualistas acreditam que o cérebro e a mente apóiam-se em dois diferentes tipos de processos, enquanto os monistas assumem que um único tipo de processo subjaz às atividades da mente e do cérebro.

Para os dualistas, são as percepções do Sr. P. geradoras de impulsos nervosos que o fazem seguir por um caminho diferente do inicialmente planejado. A atividade neuronal também influencia a percepção dos processos mentais: quando o Sr. P. vira a esquina e continua a caminhar, ele se vê em uma rua bastante sombria e arrepende-se da decisão de não tomar o ônibus.

Mas os dualistas também supõem que os processos físicos e mentais contrastem uns com os outros, algo problemático do ponto de vista científico. Tal hipótese torna muito difícil explicar como processos não-materiais (na mente) podem influenciar atividades materiais (no cérebro). Os monistas de hoje não têm essa dificuldade, pois consideram os processos mentais efeitos de segunda ordem provenientes do mundo material. Campos mentais conscientes surgem das atividades neuronais, da mesma maneira que campos magnéticos surgem de correntes elétricas em um fio enrolado. Essa idéia está muito mais de acordo com a concepção científica, mas antes de a aceitarmos como verdadeira devemos ao menos provar empiricamente a existência da interação - isto é, provar que um campo mental consciente pode ser encontrado e definido. Mas não dispomos, no presente, de pistas para explorar esse fenômeno.

De acordo com os monistas, um único tipo de processo ocorre na cabeça, independentemente de a atividade se desenrolar no domínio mental ou neuronal. A diferença entre cérebro e consciência reside simplesmente na maneira pela qual são acessadas as informações. Se esse acesso se dá por uma perspectiva pessoal interna - como ao perceber de maneira agradável o calor do Sol na pele - então os processos estão no âmbito da consciência. Se, ao contrário, ocorre a partir de uma perspectiva externa - como ao observarmos outras pessoas na rua sorrindo e olhando para o Sol - o processo é neuronal.

Embora essa teoria possa parecer um pouco artificial, a vida cotidiana prova que fenômenos aparentemente distintos são muitas vezes duas faces da mesma moeda. Quando vamos a um concerto e vemos e ouvimos um violoncelo, usamos dois tipos de acesso pertencentes a um processo único de percepção. Mas enquanto eles estiverem de acordo, espacial e temporalmente, jamais diferenciaremos entre um violoncelo *acústico* e um violoncelo *óptico*.

Cores e morcegos

Se a diferença entre cérebro e consciência for atribuída ao fato de utilizarmos dois modos diferentes de acesso, então ninguém pode alegar que a *realidade* está relacionada apenas a processos neuronais. Corpo e mente terão então a mesma importância: nenhum será mais real que o outro, e ambos serão dignos de sério estudo científico. Para os monistas, processos mentais são idênticos a processos cerebrais.

Resta, porém, um problema. Mesmo que possamos identificar os processos neuronais que formam a base de um tipo particular de atividade consciente, ainda não estaremos em condições de entender como a atividade das células nervosas se relaciona à experiência consciente. E essa é a pista para responder a nossa segunda questão, sobre se é realmente possível uma explicação científica da consciência.

Um filósofo procura formular essa tese de forma um pouco mais clara. O que importa é a diferença entre uma simples determinação de que a consciência está associada a certos eventos neuronais e nossa capacidade de explicar por que isso ocorre. Mesmo que seja possível descrever precisamente o que acontece nos neurônios cerebrais durante um dado processo consciente, tudo o que essa descrição nos diz é que tais processos ocorrem sob certo conjunto de circunstâncias, mas não explica por que são especificamente essas as presentes e não outras.

Como se define a natureza da consciência

Recentes pesquisas de laboratório indicam que a consciência é processada em muitas regiões diferentes do cérebro. Se os pesquisadores puderem determinar a base neuropsicológica da consciência, então é possível que os cientistas consigam substituir os intermináveis debates filosóficos por descrições objetivas sobre se o cérebro e a mente são entidades distintas ou uma mesma entidade.

A diferença entre o cérebro e a consciência pode consistir no modo pelo qual se acessa a informação. Se o acesso é por uma perspectiva interna - como no momento em que experimentamos uma sensação agradável como o calor do sol em nossa pele - então os processos são internos à consciência. Se o acesso é por uma perspectiva externa - observando outras pessoas olhando para os raios de Sol e sorrindo - os processos são neuronais.

Contudo, se as atividades mentais são identificadas a processos cerebrais que seguem leis preditivas, então não podemos afirmar que nossa vontade é livre. Nosso comportamento seria, nesse caso, determinado pelas leis que comandam nossos neurônios.

A liberdade requer um *self* - uma pessoa - que possa determinar-se a si mesma. Essa determinação distingue as ações livres das que ocorrem mecanicamente. O *self* é um tipo de núcleo que contém os traços de personalidade e convicções mais fundamentais que definem um ser humano.

As explicações nos escapam

Podemos entender melhor o que isso significa examinando dois famosos *experimentos mentais*. O primeiro deles se refere a Maria, uma neurobiologista extremamente talentosa que sabe tudo sobre como os seres humanos percebem as cores. Só que Maria é daltônica e nunca pôde ver nenhuma cor. Será que seu perfeito conhecimento da percepção das cores lhe permite saber como é a experiência de perceber uma cor? Não. Se um dia ela for capaz de ver uma cor, experimentará uma situação absolutamente nova. Aceitar isso, entretanto, significa que o conhecimento neurobiológico não nos pode fornecer nenhuma conclusão segura acerca dos processos ocorridos na consciência - o que nos leva a acreditar na extrema improbabilidade de em algum momento encontrar explicação para a relação entre cérebro e consciência.

Isso se torna ainda mais complexo com um segundo experimento mental, realizado nos anos 70 pelo filósofo Thomas Nagel, da Universidade de Nova York. Suponhamos mais uma vez que a consciência seja apenas um fenômeno cerebral. Suponhamos também que conhecemos absolutamente tudo sobre os processos físicos que se passam no cérebro dos morcegos. Teríamos nesse caso uma idéia clara da consciência dos morcegos? Saberíamos *como é* ser um morcego?

Em ambos os exemplos falta-nos uma necessária explicação. Podemos aceitar que alguns processos neuronais estejam ligados a processos mentais específicos, mas isso não é suficiente para entendermos por que são esses os processos presentes e não outros, e não sabemos o que ocorreria do ponto de vista subjetivo se os processos neuronais fossem modificados. Assim, não estamos certos se morcegos, lagartos ou minhocas possuem consciência. Essa percepção torna difícil responder a outras questões ainda mais perturbadoras: a partir de qual momento podemos afirmar que um feto possui consciência e, conseqüentemente, deva ser considerado indivíduo, capaz de experimentar dor?

Alguns filósofos e cientistas argumentam que o conhecimento da atividade neuronal não é, em princípio, adequado para fornecer explicações sobre a consciência. Mas essa noção pode estar subestimando o progresso a ser alcançado por futuras descobertas científicas. Para pessoas de 1600 e 1700, por exemplo, era não-plausível que a luz branca fosse composta de luzes coloridas - um conceito estabelecido por Isaac Newton. Cientistas de ponta, incluindo Robert Hooke, discordaram absolutamente da teoria newtoniana, mas hoje se aceita pacificamente o fato de a luz branca consistir num espectro completo de luz colorida. Ao acolhermos essa descoberta, abrimos o caminho para explicações científicas plausíveis para muitos outros fenômenos óticos.

Para entender a consciência, precisamos de um maior número de características objetivas identificáveis externamente. Já conhecemos muitos aspectos dos vários estados de consciência, mas nosso saber é insuficiente. É muito cedo para afirmar que um dia surgirá uma explicação abrangente a respeito, mas tampouco temos prova de que essa possibilidade esteja excluída.

À medida que aprendemos mais sobre a consciência, temos de igualmente considerar as implicações. Suponhamos por um momento ser possível provar que a consciência é realmente sinônimo de certa atividade nos neurônios do córtex cerebral. Teremos de lidar então com uma terceira grande questão: qual a conseqüência disso para a imagem que os seres humanos fazem de si mesmos?

Se a atividade mental se identifica a processos cerebrais, segundo leis preditivas da Natureza, então não podemos mais afirmar que a vontade seja livre. Nosso comportamento não será determinado por nós, mas sim por leis que governam a atividade neuronal.

A liberdade é uma ilusão?

Por mais que esse argumento nos desagrade, é difícil discordar de sua lógica - até percebermos que a liberdade está vinculada a duas condições. Jamais descreveríamos um comportamento como livre se ele fosse de algum modo imposto por algo exterior a nós. E a liberdade também deve ser separada de coincidências fortuitas.

Se for mera coincidência as células nervosas no cérebro do sr. P. provocarem sua decisão de ir a pé para o escritório, então ela não se originou em sua livre vontade, mas foi uma ocorrência aleatória. Ações livres devem ser atribuídas a uma pessoa, e essa liberdade surge, então, como uma espécie de ato de criação. Podemos atender aos dois critérios se traduzirmos *liberdade* por *autodeterminação*. Essa tradução é muito mais que simples jogo de palavras, pois esclarece algo que comumente passa despercebido nas discussões sobre a liberdade da vontade: a liberdade requer uma pessoa, um *self*, que deve determinar-se a si próprio. A determinação do *self* distingue uma ação livre de outra, executada de maneira mecânica.

O que é esse *self*? Não é uma alma interna ou um homúnculo pilotando o destino. É, ao contrário, uma espécie de núcleo constituído pelos traços de personalidade e convicções mais fundamentais que definem o ser humano. Por exemplo, se eu acredito que roubar é um ato repreensível, então levarei ao caixa do supermercado todas as mercadorias que apanhei e pagarei por elas. Essa ação é produto de minha vontade espontânea, dirigida por minha própria determinação.

E o que significa, então, para nosso livre-arbítrio, que as convicções e, conseqüentemente, o impulso inicial de nossas ações, estejam baseadas na atividade das células nervosas do cérebro?

Se uma convicção específica está na base de um ato motivado pela livre vontade, essa vontade não é ameaçada pelo fato de a convicção ter base neuronal. De fato, acontece o oposto: ao efetivar um traço fundamental da personalidade, o processo neuronal fornece a nossos desejos e convicções o poder de agir - ele prevê condições para a ação autodeterminada. Nossa autodeterminação não é colocada em risco quando nossos conceitos e convicções morais efetivam-se em sua base neuronal.

A situação demonstra, porém, que os filósofos não são capazes de explicar decisões autodeterminadas. Isso teria de ser feito pelos neurocientistas, que precisam, porém, decidir se as ações particulares são realmente determinadas por traços centrais da personalidade ou se decorrem de fatores externos.

De acordo com nossa definição de autodeterminação, traços centrais da personalidade devem estar conscientemente ativos o tempo todo. Mesmo quando as ações são desencadeadas por processos pré-conscientes, nosso comportamento deve ainda assim ser considerado autodeterminado. Por isso, os tão discutidos experimentos realizados nos anos 70 pelo neuropsicólogo Benjamin Libet, da Universidade da Califórnia, em São Francisco, não contradizem a tese de que há comportamentos autodeterminados. Libet descobriu que algumas ações simples, como caminhar ou mover a mão, são iniciadas por processos neuronais, antes de a pessoa tomar a decisão consciente de produzir a ação. São discutíveis as conseqüências que se pode extrair desse experimento, mas ele evidentemente não refuta a idéia de autodeterminação; o processamento das sensações físicas pelo cérebro, que o tornam consciente de que o corpo está caminhando, pode apenas ser mais lento do que o tempo necessário para processar as instruções para caminhar. É possível que tais experimentos modifiquem a concepção sobre o papel da consciência na tomada de decisões.

O conhecimento da consciência e de sua base física pode ajudar-nos a entender como formamos a concepção de realidade. A consciência e a autodeterminação estão além disso, no cerne da maioria das questões legais e éticas mais fundamentais. Sendo assim, todo o sistema legal funda-se na idéia de que podemos ser considerados responsáveis pelas próprias ações. Se essa suposição se mostrar falsa, seremos obrigados a realizar algumas mudanças radicais.

A consciência e a capacidade de determinar as próprias ações são centrais para nossa noção de ser humano. E nossas concepções desempenham papel crucial em alguns dos assuntos mais intensamente debatidos na atualidade. Quanto mais aprendemos sobre os mecanismos subjacentes à consciência e ao livre-arbítrio, mais fácil será resolvê-los[21].

21Bibliografia Recomendada:
- **The chemistry of counscious states: how the brain changes its mind.** J. Allan Hobson. Little Brown, 1994.
- **Theories of consciousness: an introduction and assessment.** William Seager. Routledge, 1999.
- **Como a mente funciona.** Steven Pinker. Companhia das Letras, 1998.
- **O sítio da mente.** Henrique S. Del Nero. Collegium Cognitio, 1997.

Nas histórias da Filosofia e da Neurociência, apesar de durações tão diversas, a questão da verdadeira natureza dos processos e estados mentais implica necessariamente a discussão das relações entre matéria e consciência, ou mente e cérebro, ou dualismo e monismo.

O texto "Somos livres para agir?" permite ver com clareza como estas questões são recorrentes, mas também como um novo campo de conhecimento recoloca ou formula novas questões para a Filosofia e que o questionamento filosófico por sua vez cobra novas descobertas da Ciência.

Seria interessante, após a leitura e releitura do texto, fazer um elenco de questões, discuti-las, e se possível consultar outras fontes.

De fato, Damásio (1996, 2000), Churchland (2004), Sacks (2005) e tantos outros filósofos e/ou neurocientistas estão produzindo trabalhos em livros e revistas sobre esses novos desafios interdisciplinares.

Monserrat Neto sintetiza bem o momento que estamos vivenciando nesse início de século XXI.

> O mistério da consciência é em termos simples o enigma que existe no surgimento das imagens mentais - em particular as que formam o pensamento consciente - a partir dos fenômenos físicos, químicos, biológicos e neurais que ocorrem no cérebro.

Como, a partir destes eventos, pode-se explicar a emergência da consciência de si e do mundo, característica essencial do ser humano? No caminho da elucidação deste mistério, a Neurociência e a Filosofia se cruzam com freqüência, trazendo inspirações mútuas numa aliança singular mas positiva (2004, p.151)[22].

Assim, não poderíamos terminar este capítulo sem mencionar a literatura que divulga estudos experimentais sobre as possíveis convergências ou divergências teóricas entre a Psicanálise e as Neurociências.

Na medida em que os estudos das neurociências propõem questões filosóficas e questões sobre o nosso psiquismo, são mais do que evidentes as implicações sobre as formas de se fundamentar e realizar as práticas educativas.

---

22 A frase entre aspas do autor é de Damásio.

Precisaríamos de um outro livro para expor todas as possíveis implicações que já surgiram no horizonte de um novo paradigma filosófico e psicológico.

Relembramos a frase de Piaget "Um fenômeno é sempre biológico em suas raízes e social no seu final. Mas não devemos esquecer, também, que no meio ele é mental[23]." (EVANS, 1979, p.71)

Cabe um inequívoco papel à Educação na constituição desse *mental,* seja no contexto familiar, seja na educação formal e não-formal.

Não podemos deixar de elencar alguns estudos já realizados ou em andamento e suas conclusões, passíveis, é claro, de aprofundamento e ou aperfeiçoamento.

- a comprovada plasticidade neuronal do cérebro permite comparar a técnica psicanalítica (cura pela fala) a outras formas de tratamento, inclusive farmacológico:

> O processo psicoterapêutico provoca mudanças no funcionamento cerebral através de alterações entre conexões neuronais, mudando então a estrutura do cérebro e alterando o processo da consolidação da memória; (Lemgruber, 2004, p.189)

- a plasticidade do cérebro, sendo muito maior do que se supunha, abre perspectivas para mudanças afetivas e cognitivas por períodos muito além da adolescência;
- a afetividade, as emoções, tão estudadas pela Psicanálise, podem nortear pesquisas por neurocientistas, como vem fazendo Damásio e outros;
- o campo da Psicologia Social, por meio de indicadores de influências inconscientes, e como o cérebro atua em situações de dúvidas e/ou conflitos morais, pode ser imensamente enriquecido;
- outro ponto estudado por tantos filósofos e psicólogos é a questão da subjetividade. As vivências internas, suas experiências subjetivas, teriam sua compreensão gradualmente ampliada por pesquisas multidisciplinares;

23 Trecho da entrevista de Piaget a Evans. Piaget se referia aos processos psíquicos conscientes e inconscientes.

- a já enfatizada importância da memória pode e vem sendo trabalhada por neurocientistas. A repressão, tendo seus mecanismos neurobiológicos subjacentes estudados, facilitaria compreender melhor os mecanismos de defesa do ego e suas implicações para o indivíduo e para as relações intersubjetivas.

Quanto mais se compreende e se conhece as áreas em que nosso psiquismo opera, mais se verifica que Freud fez uma revolução, não só na área da afetividade, mas de todo nosso psiquismo, inclusive no que era considerado *racional*.

Piaget, na citada entrevista a Evans, afirma:

> Acho que o conceito de inconsciente é absolutamente geral: não se restringe à vida emocional. Em qualquer área de funcionamento cognitivo, todos os processos são inconscientes. Nós temos consciência do resultado, não do mecanismo. Quando tomamos conhecimento dos nossos processos, começamos da periferia e vamos dali para o coração do mecanismo, mas nunca chegamos totalmente a ele. O inconsciente emocional é, portanto, um caso especial do consciente em geral; este, é tudo que não pode ser claramente explícito por causa de uma ausência de abstração refletiva, de conceituação, etc. O inconsciente é tudo que não é conceitualizado. (EVANS, p.71, 1979)

Com esta reflexão de um cognitivista interacionista, epistemólogo por excelência, constatamos a contribuição das neurociências à compreensão de quem é e como *funciona* o ser humano, objeto da Educação.

5
O jovem e o adulto como objetos de análise pela Psicologia da Educação

Uma das características mais inquestionáveis do quadro educacional brasileiro é a imensa diversidade interna dos seus componentes.

Ao lado das crianças, adolescentes, jovens e adultos que freqüentam as redes de educação infantil, fundamental, média e superior, incluindo a pós-graduação, temos jovens e adultos que retornam à escola ou à universidade para completar sua escolarização após anos de interrupção.

Temos também alunos que são professores da educação infantil e fundamental, que, por exigência legal, fazem curso superior. Como trabalham, geralmente estudam à noite ou nos fins de semana.

Os programas de jovens e adultos acolhem, tanto aqueles que nunca freqüentaram a escola, quanto aqueles que, após inúmeras repetências ou promoções automáticas, não apresentam sucesso em sua escolarização e por isso retornam à escola. Crescem também as iniciativas de programas educativos para os adultos na terceira idade.

Assim, neste capítulo, é importante, retomar a contribuição de Erik Erikson, feita por meio da entrevista que consta do capítulo 3 deste livro, pois, de fato, temos os oito estágios do homem representados no corpo docente e discente.

O enfoque psicossocial, a contextualização histórica adotada, o peso das subculturas, as considerações sobre a visão de gênero no caso das mulheres, etc., de Erikson, nos ajudam a compreender melhor as atitudes, os valores, as expectativas das pessoas que ocupam uma posição no sistema de ensino e na sociedade, seja como aluno, seja como professor ou como aluno-professor.

Se existem razões econômicas, sociais, culturais e profissionais para que jovens e adultos estejam inseridos em relações de ensino-apredizagem, é fundamental incluí-los enquanto sujeitos cognitivos e emocionais, contemplando assim a *dimensão psicológica* no processo educativo. Suas atitudes e representações devem ser consideradas, sob pena de as atividades propostas não provocarem interesse, participação e efetiva mudança, seja para superar lacunas, seja para adquirir novos conhecimentos para sua inclusão social cada vez mais consciente.

5.1 - O adolescente e os jovens: quem são esses alunos?

Seria interessante que o leitor dedicasse atenção aos seguintes aspectos:

• considerando que todos os textos das ciências em geral e das ciências humanas e sociais em especial são localizados e datados, que paralelos, semelhanças e diferenças podemos estabelecer em relação aos *adolescentes* brasileiros? *Adolescentes* no plural, porque as realidades socioeconômicas, culturais, regionais e mesmo familiares são reconhecidamente bastante diversificadas em nosso país.

Só do ponto de vista cognitivo, várias pesquisas e avaliações externas, como as do SAEB e PISA revelam que nem todos os adolescentes e jovens demonstram atingir o pensamento formal.

Jabour, em sua tese de mestrado defendida em 1977, pesquisou alunos universitários na faixa etária entre 18 e 28 anos, na cidade do Rio de Janeiro.

Partindo do pressuposto de que a possibilidade que o aluno terá de entender teorias dedutivas e de realizar pesquisas científicas dependerá de seu nível cognitivo, a autora procurou conhecer o nível das operações cognitivas de um grupo de estudantes universitários. As provas aplicadas foram as de Piaget e colaboradores.

Nas conclusões, a autora afirma que o grupo de sujeitos não demonstrou o pleno domínio das operações concretas, sendo que os resultados nas duas provas que visam avaliar as operações formais foram ainda mais fracos, quando apenas 19% e 3% obtiveram êxito nas mesmas.

Em outra pesquisa (Baeta, 1978), também realizada com jovens e adultos, em que se procurou medir níveis de julgamento cognitivo a partir de material textual e perguntas que têm por função provocar respostas em face de situações-problemas, os resultados foram bastante preocupantes.

O modelo teórico e metodológico adotado foi do psicólogo cognitivista e interacionista Peel, que acompanhou a pesquisa graças ao apoio do CNPq, à época.

Tendo como ponto de referência a distinção entre descrição e explicação, Peel e colaboradores identificaram três níveis básicos de julgamento nas respostas dadas na relação texto-pergunta-resposta.

a) respostas tautológicas, que negam a premissa, parciais e inconsistentes, logicamente limitadas, vistas também como respostas restritas;
b) respostas baseadas apenas na seleção de aspectos no texto, chamadas também de circunstanciais;
c) respostas imaginativas nas quais aparecem idéias fora do texto, com caráter compreensivo, globalizante.

No nível de julgamento mais limitado, o sujeito não alcança sequer uma resposta descritiva, revelando um grau de imaturidade de pensamento pela incompreensão do problema e/ou inconsistência da resposta.

No nível de julgamento intermediário o sujeito é dominado pelos dados fornecidos no material textual e se revela incapaz de olhar fora dele. Seu julgamento é parcial e não ultrapassa o nível descritivo, na medida em que nenhum conceito externo é invocado.

No nível de julgamento mais elevado, o sujeito percebe que necessita recorrer a idéias não presentes no material textual para evocar hipóteses, coordenando vários elementos da situação-problema, como condição necessária para explicar o fenômeno e fundamentar seu julgamento.

Os resultados alcançados pelo tratamento estatístico revelaram que ao maior nível de escolaridade correspondem níveis mais elevados de julgamento, mas que, este tem um limite, qual seja o nível circunstancial descritivo.

Por outro lado, ficou evidenciado que são bem reduzidas as percentagens de alunos que atingem níveis mais elevados nos textos em que a estrutura lógica é mais definida, mesmo nos alunos do ensino superior. Cabe esclarecer que a amostra representativa de alunos de 8ª série do município do Rio de Janeiro, da 2ª série do então 2º grau, no mesmo município e terceiro ano de cinco cursos de licenciatura de uma universidade pública, também localizada no Rio, foi de 773 alunos. Foram aplicados oito textos, os mesmos para toda a amostra.

Foi escolhida a 8ª série como garantia de que seria possível aos alunos responder às provas no nível mais elaborado de julgamento cognitivo.

Passados mais de vinte anos, o relatório do SAEB 2001 - Matemática afirma nas considerações finais:

> Tanto como na 8ª série do Ensino Fundamental (3ª série do Ensino Médio), percebe-se a dificuldade que os alunos apresentam na interpretação dos dados dos problemas propostos nas operações necessárias à sua resolução, denotando, ainda, a não-construção de conceitos ao final do Ensino Médio. (SAEB / INEP / MEC, 2001, p.61)

No Relatório de Língua Portuguesa, lê-se nas considerações sobre o desempenho dos alunos da 3ª série do ensino médio:

> Sem dúvida, os alunos da 3ª série do Ensino Médio situados no nível 5 possuem mais consolidadas as habilidades de leitura, no entanto, ainda não se apresentam como leitores críticos, aptos a participar das práticas sociais de leitura do mundo letrado. Os alunos posicionados no nível 6 (20,43%) já são capazes de identificar recursos discursivos mais sofisticados utilizados pelo autor, no nível 7 (3,91%) e no nível 8 (1,44%) apresentam habilidades de leitura mais compatíveis com a série cursada. Seria desejável desenvolver as habilidades relacionadas nesses níveis entre todos os alunos da série em questão. (SAEB - Língua Portuguesa, 2001, p.104)

É evidente que o objetivo de apresentar estes resultados de pesquisas e avaliações externas do sistema de ensino não foi o de estabelecer comparações, quando os métodos de pesquisa, as amostras, os responsáveis pelos trabalhos realizaram seus estudos com instrumentos tão diferenciados. Mas não se pode minimizar o fato de que os resultados apontam na mesma direção, qual seja, fatores intra e extra escolares não estão favorecendo o atingimento dos níveis mais elaborados de pensamento.

De fato, as pesquisas sobre a qualidade de ensino parecem apontar sempre na mesma direção. Em pesquisa realizada com dados de trinta e um cursos em uma universidade pública no Rio de Janeiro, sugere-se, ao final do relatório, entre outras medidas:

> d) Do ponto de vista acadêmico-pedagógico, é inadiável uma profunda discussão a respeito dos efeitos relativos à distância crescente entre o ensino de 1º e 2º graus e os conteúdos e a forma como são ministrados, nos primeiros períodos do ensino superior. O problema não é, evidentemente, exclusivo desta instituição, mas esta constatação não a exime de buscar encaminhamento de solução. São casos mais graves, disciplinas como Cálculo e Física, entre outras, e falhas em competências como ler, escrever e saber estudar, entre outras. (BAETA, 1995, p.136)

Cabe relembrar e integrar nas reflexões sobre o pensamento do adolescente e dos jovens os dados apresentados sobre a pesquisa feita sobre significados e sentidos com universitários constante do item 2, deste livro.

Com isso pode-se relacionar aspectos cognitivos com valores e formas de pensar o social e o político de nossos alunos que atingem níveis intermediários de escolarização.

Acreditamos que não adianta enfatizar que o professor deve partir do ponto em que estão os alunos, se não pensarmos em formas de conhecer como esses pensam e se manifestam face aos problemas do cotidiano e nas esferas políticas, sociais, científicas, etc. É preciso, também, analisar pesquisas já realizadas e pesquisar novas questões sobre o jovem e o adulto analfabeto ou de baixa escolaridade, no sentido de detectar possíveis conseqüências de falta de contato com o saber mais sistematizado durante a infância e a adolescência.

Se o conhecimento do nível operatório de adultos de baixa escolaridade é necessário dentro de uma perspectiva teórica que afirma estarem suas possibilidades de aprendizagem condicionadas pelo nível de desenvolvimento cognitivo alcançado, pode-se concluir que:

1. os adultos de baixa escolaridade, principalmente quando analfabetos, apresentam um quadro que reflete sérias limitações no domínio das operações mentais. (Baeta, 1978)

Este resultado era de certa forma esperado e veio confirmar pesquisas anteriores.

Dentro do modelo teórico adotado a explicação para tal resultado, que se repete em relação a determinadas populações, deve ser procurada nas próprias características socioeconômicas e culturais em que vivem estes grupos.

Ashton (1975, p.475-503), ao comparar os resultados de pesquisas transculturais, afirma que, embora os mesmos não sejam ainda definitivos, há fortes evidências de que as crianças de culturas não-ocidentais e não-industrializadas apresentam atrasos em relação às idades médias européias na aquisição da operação de conservação. Por outro lado, quanto maior for o contato dessas crianças com a cultura ocidental ou mais familiar lhes for o material utilizado nas provas (por exemplo: classificação), maiores serão os índices de acerto.

Os resultados indicam que estes adultos, embora sejam capazes de fazer classificações simples, dominem a lógica conservatória, estejam aptos a combinar elementos quando em número reduzido de objetos, situem sua estratégia operatória próxima ao concreto.

As dificuldades reveladas na área da linguagem verbal por grande parte dos sujeitos, tanto analfabetos, como do grupo primário completo, indicam uma defasagem entre o plano de ação e o plano do comportamento verbal de tipo explicativo.

É possível que, diante de situações para as quais não encontrem explicações ou justificativas lógicas, apelem para respostas inconsistentes, irrelevantes ou mesmo pré-lógicas.

O fato de não obterem êxito nas provas de estrutura lógica não significa que muitos não sejam capazes de fornecer alternativas de solução dentro de sua experiência.

2. A flutuação de escores obtidos pela grande maioria dos sujeitos levanta novos problemas para serem estudados em relação às suas reais condições de aquisição de conhecimentos.

Asthon, no trabalho já citado, faz referência à pesquisa realizada por Peluffo em 1962, na qual ficou evidenciada significativa melhora na operação de conservação em italianos provenientes de zonas rurais do sul da Itália após terem emigrado para Gênova. Para este autor, o contato com uma sociedade mais desenvolvida do ponto de vista tecnológico pode ocasionar mudanças cognitivas[1].

> 3. Quanto à diferença entre o desempenho do grupo de analfabetos e os de primário completo não se pretendeu neste trabalho nada além de uma verificação relativa sobre os resultados que levasse em conta apenas os anos de escolaridade. Seria precipitada, na medida em que são inúmeros os fatores que podem interferir no desenvolvimento cognitivo.

Estes resultados confirmam os apresentados por Tânia Dauster no trabalho "Análise do nível operatório do adulto analfabeto". A autora afirma: "De acordo com os resultados a totalidade dos indivíduos entrevistados ainda não adquiriu, ao nível das operações formais, a reversibilidade do pensamento. Nem mesmo no estágio das operações concretas ocorreu o pleno domínio, com exceção de apenas um caso." (1976, p.35)

5.2 - Retomando Erik Erikson para refletir sobre o adulto professor

Em pesquisa realizada pela Confederação Nacional dos Trabalhadores em Educação e pela Universidade de Brasília (UNB), foi detectado que: "A metade dos profissionais de ensino brasileiro de rede pública estadual está sofrendo de distúrbios psíquicos caracterizados pela exaustão emocional." (FAGUNDES, 1999, p.5)

Foram caracterizadas como manifestações da síndrome a perda do sentido de sua relação com o trabalho e um sentimento de que qualquer esforço é inútil.

Diante deste quadro, fica evidente que ao lado da solução de problemas, como salário, gestão da escola, condições de trabalho,

1 Este aspecto pode ser discutido à luz das pesquisas de Vygotsky e Luria no Uzbekistão, como foi mencionado no Capítulo 2 deste livro.

violências nas escolas, auto-estima negativa e repercussão pública de falhas e lacunas de sua formação, outras reflexões e experiências significativas se fazem necessárias.

Em primeiro lugar é indispensável discutir que tal fato não é fenômeno exclusivamente brasileiro: a expansão dos sistemas de ensino terem resultado de uma estratégia que vem atingindo direitos básicos de profissionais da educação, homens e mulheres. Direitos que devem ser assegurados por meio de salários adequados e condições de trabalho satisfatórios e condizentes com a tarefa a ser desenvolvida: a educação dos alunos.

No caso dos profissionais da Educação, esta é uma questão central. O magistério, que atualmente é uma profissão essencialmente feminina, principalmente até o final do ensino fundamental, bem como em relação aos pedagogos, pagou um preço muito alto pelo ingresso das mulheres no mundo do trabalho[2].

Sob a justificativa da valorização da sensibilidade feminina para a função de professora e de que o magistério é um sacerdócio, ampliaram-se as redes de ensino à custa dos baixos salários dos professores[3].

Sabemos, hoje, que nada é mais eficaz do que um professor desatualizado, desmotivado e mal remunerado para manter um ensino de péssima qualidade como aquele a que nos referimos anteriormente.

Não são poucas, por outro lado, as experiências que rompem com esse círculo vicioso, nas quais as decisões compartilhadas, a reconstrução de identidade, a busca de fundamentação teórica prática, o compromisso com os alunos alcançam resultados extremamente positivos. Mas, infelizmente, são experiências ainda insuficientes para provocar uma mudança mais profunda.

É fácil entender porque as relações entre secretarias de educação e redes de ensino foram se tornando cada vez mais difíceis ou mesmo antagônicas e, com grande freqüência, esta situação se tornava quase o

---

2 Consultar a respeito BLAY (1981), GATH (1997), PESSANHA (1997), Documento da UERJ - ANPED (1995), entre outros.

3 Estes aspectos que esclarecem a realidade atual podem ser discutidos nas disciplinas como Fundamentos da Educação, História da Educação e Sociologia da Educação, etc.

único assunto a ser discutido em atividades de aprimoramento, sempre com o sentido da catarse da insatisfação profissional[4].

Assim chegamos a uma segunda reflexão que precisa ser feita com urgência. Como nós reagimos a essa situação que se arrasta há décadas? Quais os efeitos emocionais? Por que eles se instalam em nós?

A leitura de um texto - "O lugar da queixa no processo de aprendizagem"- de Alicia Fernandes, levou-me a escrever a seguinte crônica, publicada no *Jornal dos Sports* em 10/10/93. Na ocasião atuava como assessora do Departamento Geral de Educação-SME do Rio de Janeiro.

Do lamento à ação

É cada vez mais freqüente entre nós professores que grande parte do tempo disponível para conversar seja ocupada por troca de queixas e lamentações sobre as nossas condições de trabalho, principalmente no que se refere ao salário. Também nos queixamos dos alunos, dos pais de alunos. Enfim, o lamento vem tomando conta do nosso espaço de convivência.

Como me vi inúmeras vezes nesta situação, comecei a ter um sentimento contraditório: se por um lado me sentia mais *satisfeita* porque estava desabafando e o problema não era só meu, por outro me sentia perdendo tempo, cansada com o que vinha se transformando em rotina.

Recentemente tive a oportunidade de ler um texto de Alicia Fernandez, que muito me ajudou a refletir sobre a questão. No artigo "O lugar da queixa no processo de aprendizagem", a autora chama a atenção para o fato de que quando apenas nos queixamos, sem pensarmos em soluções alternativas, a função do lamento passa a ser inibidora, traduzindo um sentimento de frustração e impotência.

4 Estas considerações constam do relatório da pesquisa financiada pelo Finep, por mim coordenada. São frutos não só de consulta à producão acadêmica, mas, principalmente, constatações feitas em inúmeros trabalhos realizados em vários Estados da Federação, seja em atividades de formação continuada de Professores, seja em pesquisas em escolas.

Na verdade, nossa energia é gasta para confirmar e reproduzir uma posição de dependência, pois a solução está fora de nós. Quem sabe até julgando que, de certa forma, estamos nos vingando *dos causadores* de nossas insatisfações.

Meu objetivo ao querer partilhar com meus colegas estas reflexões não é negar as razões das queixas. Elas existem, são bem reais, profundas e complexas. Mas sim problematizar como esta atitude pode ser paralisante.

Se, em um primeiro momento, a queixa contém elementos de denúncia e traz implícito um desejo de mudança, sua repetição impede que a energia desejante seja canalizada para o pensamento, para a ação transformadora.

Pode ser que transformar as próprias estratégias de luta seja uma das primeiras tarefas. Olhar em volta e constatar que os problemas não são só dos professores pode ser um caminho para avançar na compreensão dos fatores que vêm produzindo esta *epidemia de desânimo*.

Quem sabe se ao invés de lamentar *o que perdemos* e *o que ainda não temos*, nos déssemos conta do *que temos*, poderíamos começar a transformar as queixas em ponto de partida de ações.

Devemos ter presente que temos a nosso favor, por parte da sociedade, uma consciência crescente de que, sem mudanças profundas na Educação, o futuro do país se torna cada vez mais incerto; que temos contatos diários com alunos que podem ser parceiros na construção de estratégias de mudanças; que no plano formal os direitos já estão explicitados na legislação e que devem fundamentar as reivindicações, as cobranças de efetivação.

Outros aspectos poderão ser lembrados, no sentido de aclarar e definir os espaços a serem utilizados, para juntos construirmos uma cidadania plena onde direitos de professores e alunos sejam assegurados em conjunto com os demais segmentos da população.

Considerei interessante reproduzir este texto porque a abordagem coloquial de atitudes, procedimentos e sentimentos favorecem uma boa discussão sobre o nosso cotidiano problemático, tão comum hoje em dia.

Como nos relacionamos com os acontecimentos recorrentes ou mesmo esporádicos que tanto influenciam a nossa vida pessoal e coletiva?

Trata-se de reflexões que relacionam teoria e prática em situações concretas.

O que é queixa e o que é denúncia, o que é ordem e o que é mandato, o que é ensinar e o que é *dar receita*?

Incluído no capítulo sobre jovens e adultos, este texto permite estabelecer conexões com o texto de Erik Erikson e as possíveis posturas das pessoas face às dificuldades e aos desafios da vida profissional, comunitária, familiar e até mesmo à condição de cidadão. É preciso problematizar esta atitude porque ela pode ser paralisante.

A autora Alicia Fernandez é argentina, e o texto é a transcrição de uma palestra proferida em Porto Alegre em 1992. Infelizmente ainda é bem atual.

6
Psicologia da Educação e a prática pedagógica

6.1 - Uma prática multidimensional

Consideramos a Educação uma prática social, que visa a construção de conhecimentos, valores e habilidades nos mais diferentes contextos e dentro das mais variadas instituições, tais como a família, a escola, a igreja, os museus, a comunidade, etc.[1]

O processo pode e deve ocorrer em diferentes etapas da vida, por meio de atividades e meios os mais diversificados, inclusive das mídias.

Nesta perspectiva, devemos ter clareza que se trata de uma das realizações mais complexas e por isso mesmo multidimensionais, em que as pessoas se envolvem.

O processo ensino-aprendizagem não se restringe, assim, às formas escolares. Mesmo em situações bem informais, como na educação familiar, há a intenção de alguém (pai, mãe, avós, irmãos) de provocar a aquisição de informações, habilidades, valores, conceitos em outros membros da família e, para tal, algum tipo de estratégia pedagógica é utilizada (explicações, modelos, imitação). Embora o sucesso não seja garantido, como sabemos, há sempre uma relação pedagógica em curso.

Quando se pensa nas possíveis contribuições da Psicologia da Educação para o processo de ensinar e aprender, devemos ter presente que o aluno e o professor já trazem experiências anteriores, vivenciadas em diferentes circunstâncias.

1 Neste capítulo foram introduzidos trechos de trabalhos produzidos por mim como consultora do SESC Ciência/Nacional e da Secretaria Municipal de Campo Grande/MS.

São concepções de como aprendemos e de como ensinamos, construídas nos diferentes papéis sociais que exercemos. Mas a relação pedagógica escolar tem especificidades que precisam ser consideradas.

Assim, quando pensamos no processo ensino-aprendizagem como parte central de uma ação educativa, é de fundamental importância ter como elementos definidores da qualidade de nossa intervenção pedagógica os objetivos pretendidos e o que vamos avaliar como garantia de saber se esses foram alcançados e em que medida.

Nesta perspectiva, não cabe apenas reproduzir um elenco de conteúdos que, em geral, estão presentes nos livros didáticos, e fazer perguntas aleatórias para avaliar os alunos pelo desempenho demonstrado ao respondê-las.

É preciso ter presente que cada disciplina pode ser concebida de diferentes formas quanto ao que se pretende com elas.

Língua Portuguesa pode estar preocupada com a gramática ou com um leitor crítico; Matemática pode privilegiar memorização de fórmulas descontextualizadas ou resolver problemas significativos; Ciências pode ser enciclopédica, sem sentido para o aluno, ou pode ser essencial para a visão de mundo do cidadão; História pode dedicar-se a nomes e datas ou a processos que ajudem a entender o passado e atuar para e no futuro; Geografia pode tratar de um espaço abstrato e incompreensível ou pode ampliar a compreensão de espaços significativos para a vida atual, e assim por diante.

Se analisarmos as alternativas propostas, fica claro que em cada uma delas estamos concebendo e atribuindo papéis bem diferenciados aos alunos no processo de aprendizagem, o que terá conseqüências sobre o que ensinamos e como ensinamos.

Se se trata de fazer o aluno *apenas* memorizar o que ensinamos e cobrar o memorizado por meio de instrumentos de avaliação, não há necessidade de distinguir *na matéria* (cada conteúdo) o que são informações, o que são conceitos (com graus diferenciados de abstração), muito menos a natureza do tipo de raciocínio que o aluno deveria desenvolver se o que se pretendesse fosse *compreensão.*

Implicitamente julgamos que o conhecimento é cópia do real, e que basta colocar o aluno em contato com o conteúdo que ele aprende, como acredita o empirismo.

Em síntese, acredita-se que, colocando o aluno para decorar as tabuadas, ele ficará apto para, diante de uma situação-problema, resolver se é para fazer uma adição, subtração, multiplicação ou divisão. Não nos damos conta que são atividades intelectuais completamente diferenciadas. Para entender as operações implícitas na tabuada, é necessário que os alunos entendam que na soma e na multiplicação estão juntando unidades, dezenas, centenas, etc., só que na adição as parcelas podem ter quantidades diferentes em cada uma delas, mas na multiplicação as parcelas são iguais.

Se, por outro lado, o que se pretende é que o aluno construa uma autonomia crescente para lidar com os conteúdos e sua função na construção de conhecimentos cada vez mais amplos e consistentes, é condição necessária optar por um modelo teórico de como se constrói conhecimento compatível com essa opção.

Um dos modelos teóricos mais promissores para proporcionar aos alunos níveis crescentes de domínio de conteúdos é aquele que atende aos seguintes pressupostos:

- As discussões sobre o que deve predominar no processo educativo, se conteúdo ou operações mentais, é um falso dilema, pois todo conteúdo se constitui de conceitos, noções e informações que se articulam por operações intelectuais, tais como: classificações, seqüenciações, correspondência, implicação, causa e efeito, inclusão, complementariedade, etc.

Como entender processos históricos sem *classificar* sistemas políticos e culturais, sem *construir o conceito* de medida de tempo, sem *seqüenciar* e *organizar* o tempo histórico e o tempo cronológico em períodos, etc.?

Como afirmou Piaget, " A compreensão da história supõe a noção do tempo, sob o duplo aspecto da *avaliação* da duração e da *seriação* dos acontecimentos." (PIAGET, 1998, p. 91 - grifos do autor)

- A transmissão verbal (oral e/ou escrita) nem sempre é suficiente para que se construam as estruturas operacionais já citadas nas crianças e adultos. Sem a construção de esquemas adequados que permitam a assimilação, mesmo que parcial, do que está ouvindo/lendo, o nível de compreensão do sujeito fica prejudicado.

Pela teoria cognitivista que estamos utilizando nestas considerações, os esquemas assimiladores não estão dados *a priori* no sujeito que conhece. Pelo contrário, vão sendo construídos ao longo de muita ação orientadora do professor, além de outros interlocutores da ação intelectual e prática dos alunos.

Basta lembrar que as crianças pequenas começam, em nossa cultura, a mencionar números relativos à idade, endereço, número de telefone, etc., mas não sabem ainda contar corretamente.

Somente quando são capazes de classificar e seqüenciar é que os alunos vão construindo, simultaneamente, o conceito de número e organizando um sistema de numeração que segue uma lógica matemática (N + 1), que foi assumindo diferentes modelos ao longo da história das civilizações, como são exemplos os diferentes códigos numéricos, romano, maia, egípcio, etc.

Nesta etapa, a criança e/ou adulto serão capazes de lidar com os números inteiros, mas se ao lidar com números decimais, considera que 0,348 é maior que 0,8, fica evidente que está assimilando *o número depois da vírgula* com o mesmo esquema assimilador dos números inteiros, ou seja, quanto maior o número de algarismos maior é o número.

Neste caso, nova competência se faz necessária, qual seja lidar com o inteiro e suas possíveis subdivisões (fração, unidades e subunidades de medida, percentagem, etc.).

Como podemos constatar, lidar com todos e partes - não só na soma Matemática - é uma construção, de acordo com Piaget, indispensável, como competência básica, para diferentes estruturas cognitivas darem conta de interagir com objetos do conhecimento de diferentes áreas do saber. Podemos citar classes e subclasses, sistema de inclusão de classes; operações reversíveis, tais como soma/subtração, potenciação/radiciação; relações diversificadas entre parte e todo de um texto, desde a reprodução da ordem dos parágrafos até a inferência da idéia central do texto, etc.

Intencionalmente, deixamos para incluir o termo competência ao longo do texto como recurso estratégico para deixar claro em que concepção o estamos adotando.

Na verdade, o termo competência vem gerando discussões no campo teórico da Educação, por dar margem a significados e sentidos diversos, inclusive de natureza ideológica.

Não julgamos oportuno entrar nesta discussão, neste momento. Nossa concepção de competência se refere às possibilidades que o sujeito do conhecimento possui de compreender quais as propriedades, características e exigências operacionais que um determinado objeto ou situação-problema colocam para com ele interagir, seja para ampliar seu nível de conhecimento, seja para possibilitar mudanças qualitativas e significativas.

Esperamos que, por meio destas reflexões e exemplos, fique mais claro que, quando dizemos que alguém raciocinou corretamente ao resolver um problema (de qualquer natureza) ou não o fez, podemos, do ponto de vista intelectual, afirmar que ele usou ou não as competências necessárias àquela situação.

Competências são, assim, diferentes modalidades estruturais da inteligência que, a partir de diferentes operações mentais, permitem ao sujeito do conhecimento estabelecer relações entre objetos físicos, conceitos, situações, fenômenos e pessoas.

As competências, embora desenvolvidas no e por meio do contexto social e cultural, são construções individuais e não podemos ter acesso direto a elas. Somente quando o sujeito age, fala, desenha, escreve, etc. podemos inferir, por meio do seu desempenho, se ele utilizou ou não as competências adequadas à situação.

Para Perrenoud (1993, p.7) competência é:

> Uma capacidade de agir eficazmente em um determinado tipo de situação, apoiada em conhecimento, mas sem limitar-se a eles. Para enfrentar uma situação da melhor maneira possível, deve-se, via de regra, por em ação e em sinergia vários recursos cognitivos complementares, entre os quais estão os conhecimentos.
> No sentido comum da expressão, estes são representações da realidade que construímos e armazenamos ao sabor de nossa experiência e de nossa formação. Quase toda ação mobiliza alguns conhecimentos, algumas vezes elementares e esparsos, outras vezes complexos e organizados em rede.

Em seu livro *Construir as competências desde a escola*, Perrenoud deixa claro em vários trechos que na base de sua concepção de competência estão conceitos construtivistas. São exemplos:

> Só há competência estabilizada quando a mobilização dos conhecimentos supera o tatear reflexivo ao alcance de cada um e aciona esquemas constituídos. Examinemos, pois, essa noção, ao mesmo tempo intuitiva e complexa, onipresente na obra de Jean Piaget, retomada atualmente, tanto na pesquisa sobre as competências, como na didática e, por exemplo, Vergnaud (1990,1994), a respeito dos campos conceituais.
> Em sua concepção piagetiana, o esquema, como *estrutura invariante de uma operação ou de uma ação*, não condena uma repetição idêntica. Ao contrário, permite, por meio de *acomodações menores*, enfrentar uma variedade de situações de estrutura igual. É, em certo sentido, uma *trama* da qual nos afastamos para levar em conta a singularidade de cada situação. Assim, um esquema elementar, tal como "beber em um copo", ajusta-se a copos de forma, pesos, volumes e conteúdos diferentes. (1993, p.23)

Para ilustrar, com exemplo de estrutura operatória - classificação - necessária a vários conteúdos, podemos citar a classificação de gêneros textuais, cenários e personagens, marcas lingüísticas, em Língua Portuguesa.

Em Matemática, os conceitos de figuras geométricas, de operações (soma, subtração, multiplicação e divisão), medidas e intervalos são possíveis se o aluno for capaz de identificar atributos e propriedades de cada um deles.

Em Ciências, sem classificações aditivas e multiplicativas e inclusões de classe, o aluno não compreende que a baleia é, ao mesmo tempo, mamífero e animal marinho.

Em Geografia, as relações espaciais de fronteira, perto-longe, e os diferentes modos de representar o espaço, são classificações necessárias que se entrecruzam na leitura de mapas, planisférios, etc.

Como entender História sem classificar sistemas políticos e culturais, unidade de medida de tempo, organização do tempo histórico em períodos, etc.?

Assim, a competência condiciona o saber-fazer ou as habilidades instrumentais do sujeito.

Não utilizamos o verbo *determinar*, pois não somos sujeitos apenas cognitivos. Nossas ações se realizam na interseção da razão e do desejo e nem sempre queremos e podemos agir frente aos desafios propostos (falta de motivação, bloqueio emocional, rejeição ao assunto, etc.).

As questões decorrentes da dimensão cultural, tais como diferenças de vocabulário, acesso a textos escritos em suportes variados como jornais, revistas, rótulos de produto, podem influir na compreensão do desafio.

Desta forma, quando o aluno demonstra pela habilidade exercida corretamente (sem palpite) que conhece o assunto, podemos inferir que já construiu as competências adequadas e necessárias à situação.

Se não acertou, cabe a nós, professores e técnicos, investigar as razões da falha, principalmente quando esta é recorrente para muitos alunos e em diferentes situações.

Finalizando, podemos concluir que esta perspectiva teórica e prática que adota competência como indicador de aprendizagem pode ser extremamente rica, não só quando o professor orienta a sua ação pedagógica, bem como quando avalia os resultados com seus alunos. Dar voz aos alunos ajuda e muito a perceber as razões do não-aprendizado.

6.2 - Como pensam as crianças: um alerta para o ensino

A construção da noção de tempo é imprescindível, não só para a disciplina História, mas também para um contínuo que vai desde a localização do sujeito no seu dia-a-dia (a hora e suas subdivisões) até as demais ciências. Passado longínquo e futuros distantes são aquisições que vão sendo construídas pela criança, adolescentes e adultos ao longo de vivências, informações, conceitos e relações entre conceitos, etc.

Assim, Matemática, Literatura, Geografia, Biologia, etc., requerem, para a sua compreensão, que o aluno consiga dimensionar seqüências e duração de eventos ao longo de meses, anos, décadas, séculos, até milhões de anos.

Tempo geológico, pré-história, anos-luz, tempo da narrativa, tempo de reação química, são alguns exemplos que, sem dúvida, farão com que todos os leitores se interessem por este texto de Piaget, publicado em 1933.

O texto faz parte de um livro publicado após a morte de Piaget e está incluído entre as leituras recomendadas, neste volume, sobre Psicologia da

Educação. Os temas são bem amplos e quase sempre a ênfase é no sentido da democracia.

Psicologia da criança e ensino da história[2]

Jean Piaget

A Conferência internacional para o ensino de História teve a feliz idéia de colocar no programa de seus trabalhos *o problema da eficácia da história na escola primária* e de pensá-lo em relação *"à criança, sujeito humano do ensino"*.

Infelizmente, os dados psicológicos que, só eles, permitiriam resolver tais questões não foram coletados sistematicamente. Pode-se inclusive afirmar que ainda ignoramos como a criança imagina o passado não vivido, ou seja, tudo o que, no passado, ultrapassa a memória individual. Sabemos aproximadamente o que é, para a criança pequena, o passado vivido e a que deformações dá lugar sua memória. Mas, fora isso, carecemos de documentos.

É certo que a rica experiência dos próprios pedagogos compensa essa carência e cada professor já pôde constatar a que ilusões de perspectiva, a que contra-sensos sistemáticos dão lugar as aulas de História precoces demais. Mas nesse tema, como em qualquer outro, a colaboração dos psicólogos e dos pedagogos seria desejável, os primeiros tentando decifrar o mecanismo dos fatos, cuja importância apenas os segundos estão em condições de determinar.

É essa colaboração entre a pedagogia e a psicologia da criança que a Agência internacional de educação gostaria de ver desenvolver-se num campo em que ela seria especialmente fecunda. Em conseqüência de observações apresentadas ao comitê de especialistas para a revisão dos manuais escolares reunido pelo Instituto internacional de cooperação intelectual, a Agência se pôs a estudar o problema. Ela se apropriou em particular de um pedido de M. Lapierre, secretário-geral adjunto

---

2 In: *Bulletin trimestriel de la Conférence internationale pour l'enseignement de l'histoire*, 1933, n.2, p. 8-13. Relatório apresentado na conferência de Haia por M. J. Piaget, diretor da Agência internacional de Educação, Genebra.

da federação internacional dos professores primários, para elaborar sobre esse tema um questionário, cuja aplicação constituiria uma excelente manifestação concreta dessa colaboração entre pedagogos e psicólogos. E, na preparação do questionário, ela trabalhou em conjunto com o Instituto das Ciências da Educação da Universidade de Genebra[3].

Mas, infelizmente - ou felizmente! - para os pedagogos, a psicologia da criança não sabe trabalhar rápido. Percebe-se cada vez mais, à medida que os resultados dos questionários se multiplicam e se contradizem, que o valor de uma pesquisa depende do das questões formuladas e, sobretudo, que é muito difícil formular bem as perguntas. Também *o método do questionário tende cada vez mais a ceder lugar ao do interrogatório direto da criança* e de um interrogatório flexível, sob forma de conversa livre. Podemos batizar tal procedimento, por analogia com os métodos utilizados em psiquiatria, de "método clínico". Esse método é seguro; ele forneceu resultados convergentes, mas ele é trabalhoso, lento, difícil, como todas as análises científicas.

Gostaríamos de dar aqui, a título de simples notas preliminares, uma amostra das pesquisas que é possível conduzir dessa forma. Esses primeiros resultados não constituem ainda nem a aplicação do questionário desejada por M. Lapierre, nem mesmo os primeiros dados que permitiriam construí-lo, mas uma simples sondagem, uma "experiência para ver", como dizia Claude Bernard. Procuramos descobrir, usando aleatoriamente os conhecimentos históricos comuns a todos os pequenos genebrinos, se havia interesse em estudar os três pontos seguintes:

1) É possível analisar a noção que a criança tem do passado, no sentido do passado não vivido, ultrapassando a memória individual?
2) Existem na criança quaisquer representações espontâneas relativas à história da civilização?
3) Os conhecimentos históricos e os julgamentos de valor da criança são concebidos por ela como relativos ao seu grupo

3 Gostaríamos de agradecer aqui a M. A. Rey, que teve a gentileza de nos ajudar a reunir nossa documentação.

social, ou como comuns a todos os homens, e por conseguinte inquestionáveis?

Sobre cada um desses três pontos, nossa pesquisa preliminar, por mais superficial que tenha sido, bastou para demonstrar o interesse da pesquisa, do duplo ponto de vista psicológico e pedagógico. Ao interrogarmos a criança nesses diferentes terrenos, não encontramos, como é tão freqüente, apenas verbalismo e reflexos do pensamento adulto: observam-se reações próprias da criança e diferentes do que esperávamos. E é exclusivamente para sublinhar esse fato que nos damos o direito de expor aos pedagogos e historiadores reunidos em Haia nossos parcos resultados. Voltamos a repetir que se trata apenas de uma pesquisa relativa ao método, e que ainda não temos uma sistematização dos fatos.

A noção do passado

A compreensão da história supõe a noção do tempo, sob o duplo aspecto da *avaliação da duração* e da *seriação dos acontecimentos.* Contudo, tudo o que sabemos atualmente sobre a memória da criança mostra que, mesmo no terreno do tempo individual, a duração é mal-mensurada e as lembranças não são corretamente ordenadas. Com mais razão ainda, o mesmo deve ocorrer no que concerne ao passado não vivido

Formulamos para as crianças algumas questões destinadas a sublinhar essas dificuldades. Começamos pedindo que contem as peripécias da "Escalada" (ataque de Genebra em 1602 pelo duque de Sabóia), que elas conhecem bem. Depois perguntamos à criança se seu pai, seu avô ou seu bisavô viviam naquela época. Aos 7 anos, ainda encontramos crianças que acreditam que seu pai assistiu ao acontecimento. Entre 8 e 10 anos, um grande número continua pensando isso sobre seu avô ou seu bisavô. A partir dos 10 anos, em contrapartida, a média dos sujeitos responde que não sabe, ou que "é algo muito mais velho".

As mesmas opiniões são encontradas a propósito de *Guilherme Tel*; mas o interrogatório torna-se mais difícil sobre este último ponto, pelo fato de o herói ser concebido, ora como um dos primeiros homens (os pequenos genebrinos de 7 ou 8 anos consideram freqüentemente que o surgimento da Suíça remonta à criação do mundo), ora, ao contrário, como um homem vivo, efetivamente visto com seu filho num cortejo (uma reconstituição histórica) e cuja fotografia encontra-se nos selos postais. Quanto a saber se a Escalada precedeu a época de Guilherme Tel ou o contrário, todas as opiniões estão evidentemente representadas.

Em seguida interrogamos a criança sobre as origens de sua família, perguntando-lhe se ela já existia no tempo de Guilherme Tel, dos lacustres, dos homens das cavernas e no começo do mundo. Naturalmente, convém formular a questão referindo-se ao nome da criança. Mas, mesmo tomando essa precaução, encontramos nos pequenos as mais curiosas crenças sobre a antigüidade de sua família. Entre os maiores a idéia subsiste freqüentemente, mas com a nuança de que o nome é concebido como recente. Por exemplo, um menino de 10 anos supõe que, desde o tempo dos lacustres e dos homens das cavernas, os membros de sua família existiam, mas não com seu nome; não se tinha a necessidade de dar nomes, porque havia apenas "pouca gente". Foi somente mais tarde, para distinguir os homens, que o "Grande Conselho (Câmara dos deputados) do mundo inteiro" tomou a decisão de distribuir os nomes de família.

Tais proposições são desde já reveladoras: mesmo no que concerne às realidades mais concretas ou as mais conhecidas da criança, *o passado aparece concebido em função do presente e não o inverso. Ora, é precisamente nessa inversão das perspectivas que consiste a compreensão do devir histórico.*

Algumas idéias espontâneas relativas à história da civilização

Uma vez determinados esses pontos de referência precedentes, perguntamos às crianças se as pessoas do tempo da Escalada, de Guilherme Tel etc., viviam como nós.

Quais são as "coisas" que temos hoje e que eram desconhecidas naquela época?

As pessoas possuíam relógios, livros, trens, carros, bondes, bicicletas, óculos, etc.?

As crianças iam à escola?

Como as pessoas se vestiam?

Como era a cidade de Genebra?

Em princípio, a criança afirma de antemão que no passado tudo era diferente de hoje. Mas essa oposição desaparece rapidamente diante da análise: na verdade, o passado é para a criança apenas um decalque do presente, mas com uma espécie de aparência antiquada, artificialmente atribuída a tudo. Em outras palavras, as locomotivas não eram como as nossas, elas eram pequenas e lentas, os triciclos substituíam as bicicletas, "os carros não eram como agora" por não serem fechados, etc. Mas todas as descobertas modernas já tinham um equivalente, sem que tenha havido entre elas qualquer seriação temporal. *O passado é um vasto reservatório onde se encontram reunidos todos o embriões das máquinas ou dos instrumentos contemporâneos.*

Por exemplo, uma menina de 8 anos e meio afirma que os trens existiam em 1602, pois os feridos e os mortos saboianos, vítimas da Escalada, foram levados de trem. Um menino de 8 anos sustenta que na mesma data "havia carros, mas não como agora. Mas não sei dizer como eram." Um outro menino nos diz: "Havia trens, mas não sei se eles eram como agora; havia bicicletas como hoje, mas os carros não eram a mesma coisa." Ele concorda que sua escola ainda não tinha sido construída naquela época, mas "a estátua do general Dufour (século XIX) já existia no tempo da Escalada." Um menino de 10 anos e meio, inteligente e adiantado, pretende que em 1602 "os automóveis eram velhos carrinhos que tinham de ser empurrados: eles não eram fechados como hoje." Quanto aos trens, "eles tinham pequenos motores, e eles andavam muito devagar." Uma menina de 10 anos começa dizendo-nos que seu avô "lutou na Escalada: foi lá que ele foi morto; mamãe me contou isso porque era a festa dele (o aniversário de sua morte)." Depois ela nos explica que, naquela época, os carros "estavam começando. Eles eram bem pequenos." Quanto aos aviões, "havia apenas alguns". E os bondes? "Uns poucos, não muitos." - Os trens? "Não como agora. Tinham pouco aquecimento dentro." - Os relógios? "Estava começando. Tudo começou mais ou menos ao mesmo tempo."

A última frase é significativa: é um resumo da história da civilização tal como a concebe espontaneamente a criança.

A relatividade dos conhecimentos e dos julgamentos históricos

Parece-nos importante considerar um terceiro ponto.

As crianças consideram seus conhecimentos e seus julgamentos históricos relativos ao grupo social ao qual pertencem, ou seja, sujeitos à contestação e à revisão da parte dos outros, ou comuns a todos os homens e, portanto, absolutos?

Eis uma primeira questão: *os relatos da Escalada ou de Guilherme Tel são conhecidos apenas pelos genebrinos ou pelos suíços, ou constituem uma verdade evidente para todas as crianças do mundo?* As reações de nossos sujeitos mais jovens são interessantes; eles imaginam, por exemplo, que a derrota dos saboianos na Escalada é hoje em dia tão conhecida pelos franceses como pelos genebrinos (seu aniversário foi escolhido como data de uma festa patriótica anual). A criança sem dúvida admite que os pequenos russos ou os pequenos chineses talvez o ignorem, mas é por causa da distância que eles estão mal informados, e não porque o acontecimento não tem qualquer interesse para eles. Quanto ao papel de Guilherme Tel na fundação da Suíça, é óbvio que todos o conhecem.

É possível que um tal *egocentrismo* tenha apenas pouca importância no ensino da História. Mas, no fundo, não será essa atitude que explica a irracionalidade e a parcialidade dos julgamentos de valor? Tomamos a iniciativa de, a esse respeito, perguntar a nossos estudantes quem era culpado na história da Escalada e por que os saboianos não atacam mais Genebra. É digno de nota que, para os pequenos genebrinos, os saboianos de hoje são quase idênticos aos de outrora: se a Sabóia se abstém atualmente de qualquer agressão é porque, tendo cometido um erro no passado e tendo sofrido a justa punição que seu delito merecia, ela aprendeu a lição.

A título de conclusão, sondamos sobre a guerra mundial de 1914. As respostas obtidas iam exatamente na mesma linha das que acabamos de aludir. Certas crianças imaginam que a Suíça participou da guerra. Chegam até a imaginar os soldados suíços defendendo a fronteira e atirando indiscriminadamente sobre todos os territórios vizinhos. Quanto ao fundo da questão, não apenas um dos campos é considerado responsável, como também ele sempre estará errado em todo conflito futuro.

Essas poucas observações parecem demonstrar a importância de pesquisar mais a fundo a psicologia das representações históricas da criança. Por um lado, com efeito, as primeiras reações que notamos em nossos sujeitos não são simplesmente o reflexo de conhecimentos escolares mal-digeridos: elas dão prova de uma atitude especificamente pueril em presença do passado. O passado infantil não é nem distante, nem ordenado em épocas distintas. Ele não é qualitativamente diferente do presente. A humanidade permanece idêntica a si própria, tanto na sua civilização como nas suas atitudes morais. E, sobretudo, o universo está centrado no país ou até na cidade à qual pertence o sujeito. *O egocentrismo é, portanto, encontrado no terreno histórico da mesma forma como ele existe em todas as representações da criança.* Por outro lado, essas reações pueris prestam-se à análise psicológica. Longe de escapar à investigação, elas se revelam em qualquer conversa.

Não devemos, evidentemente, tirar dessas poucas sondagens toda uma pedologia e toda uma pedagogia. Mas se, de fato, como aliás defendemos a propósito da revisão dos manuais escolares, a educação do senso histórico da criança pressupõe a do espírito crítico ou objetivo, a da reciprocidade intelectual e a do senso das relações ou das escalas, *nada parece mais apropriado para determinar a técnica do ensino da História do que um estudo psicológico das atitudes intelectuais espontâneas da criança*, por mais ingênuas e insignificantes que possam parecer à primeira vista.

Muitas vezes, quando não damos voz aos alunos, não temos idéia de como estão recebendo as informações, isto é, quais são as estruturas cognitivas e afetivas mobilizadas pelos ouvintes. O que estarão entendendo? Quais os seus referenciais de captação das informações?

Ouvir é, portanto, imprescindível para ensinar. Lembrem-se de exemplos que vocês conhecem!

6.3 - Um exemplo concreto de como emoção e conhecimento se apresentam na prática

Vamos, em seguida, ler um texto que mostra como a dimensão psicológica que aqui estamos abordando enquanto fenômeno de prática pedagógica e não psicanalítica pode ilustrar bem como temas de capítulos estudados separadamente se apresentam articulados no cotidiano educacional.

A inclusão deste texto, que se refere à abordagem de questões de natureza cognitiva, neste capítulo, foi bem intencional, no sentido de permitir uma reflexão sobre as teias psicológicas que podem ser tecidas nas situações concretas da esfera educacional.

O objetivo foi evitar reducionismos emocionais ou intelectuais e mostrar como as duas dimensões do mesmo psiquismo se articulam quando o ambiente escolar não favorece a escolarização proveitosa e prazerosa, e/ou valores, representações sociais interferem na relação do aluno com a escola.

No tratamento psicológico ao tema podem ser estabelecidas relações entre a Psicologia e a Psicanálise sem fundir as duas, mas identificar contribuições. Ansiedades, fobias, tensão, emoções e afetos são objetos das duas áreas de conhecimento que subsidiam a compreensão dos fenômenos educativos.

Vale ressaltar que a mesma ansiedade pode ser encontrada em relação a outras disciplinas ou mesmo à freqüência escolar como um todo.

Afeto, Atitudes e Ansiedade Matemática

Márcia Regina F. de Brito
(Universidade Estadual de Campinas)

A literatura a respeito das emoções e do afeto era bastante escassa até recentemente, pois a ênfase nos comportamentos observáveis levou a uma preferência por estudos adequados a esse paradigma. O estudo das emoções vem, gradativamente, retomado à literatura em psicologia educacional. Assim como as atitudes apresentam relação com a ansiedade, também outros aspectos da emoção estão presentes e diretamente associados ao comportamento ansioso com relação à escola. Embora pouco estudada, tanto pela psicologia em geral como pela psicologia educacional, a raiva e suas relações com a aprendizagem escolar são fatores de influência e mereceria maior atenção. Vários pesquisadores, particularmente os ligados à área de psicologia e educação matemática, estão desenvolvendo estudos e programas de acompanhamento voltados para a redução da ansiedade matemática e desenvolvimento de atitudes positivas com relação à matemática.

O presente trabalho versará sobre a afetividade e suas relações com a aprendizagem e o ensino de matemática, apresentando características do estudante com alta carga afetiva em matemática (a partir de estudos com sujeitos habilidosos) até o extremo oposto, caracterizado pela aversão à matemática (mostrando um estudo sobre estudantes com ansiedade matemática). Tratará também a respeito das relações entre a matemática e fatores como gênero, idade, série, preferência por disciplina, autopercepção do desempenho, auto-estima e crenças de auto-eficácia.

À medida que o indivíduo avança na escolaridade ele vai desenvolvendo crenças, valores e atitudes em relação às diferentes disciplinas, e estas variam em intensidade. O desenvolvimento das atitudes está diretamente relacionado ao afeto, enquanto as crenças e valores estão mais relacionados ao componente cognitivo. Entretanto, não existe uma demarcação palpável entre os componentes afetivo, cognitivo e conativo, pois estes são interdependentes. O componente afetivo da atitude com relação à matemática inclui as emoções e os sentimentos, particularmente o afeto que o indivíduo sente frente a determinado fato, evento, objeto ou situação. É o gostar ou não de um determinado objeto (no caso, a matemática). O componente cognitivo refere-se ao conhecimento que o indivíduo tem a respeito do objeto. O componente cognitivo inclui também avaliações e apreciações feitas a respeito do objeto, sendo estas baseadas em argumentos racionais. O componente conativo refere-se à manifestação expressa do conhecimento e do afeto; o componente comportamental é o canal através do qual a atitude se expressa.

Ao apresentar atitudes negativas em relação à matemática, o estudante passa a apresentar comportamentos que vão desde um insucesso temporário até o grau extremo de aversão à disciplina. Os graus de afeto e emoção variam com a quantidade de experiências que os indivíduos desenvolvem ao longo dos anos escolares.

As atitudes com relação ao conteúdo a ser aprendido e à própria disciplina, ao professor, ao livro-texto, às atividades e às tarefas solicitadas na disciplina, determinam não só a estrutura das ações dos estudantes mas também a realização, o desempenho e o domínio das tarefas inerentes àquela disciplina. As atitudes que os sujeitos desenvolvem passam a constituir um elemento crucial para a tomada de decisão com relação ao curso que o indivíduo vai fazer, afetando portanto sua vida profissional futura.

A ansiedade tem dois componentes distintos: um componente cognitivo, a preocupação, que consiste de pensamentos autodepreciativos sobre o próprio desempenho e um componente afetivo, a emocionalidade, que inclui os sentimentos de nervosismo, tensão e reações fisiológicas desagradáveis. Estes dois componentes são empiricamente distintos, mas possuem aspectos que são comuns, sendo difícil distingui-los. Pode-se supor que o componente cognitivo da ansiedade, provavelmente, afetará de forma mais marcante a compreensão, a aprendizagem e o desempenho dos alunos em provas e exercícios.

A ansiedade matemática está diretamente relacionada à percepção que o estudante tem de sua própria habilidade, à expectativa de desempenho e à percepção de valores, mostrando também que os padrões de relações são similares para ambos os sexos, tendo sido usada para explicar os vários comportamentos dos estudantes frente à disciplina e também frente à escola e às atividades escolares. Alguns autores apontam a ansiedade matemática como a principal influência no desempenho matemático e na escolha de cursos que exijam matemática. Aparentemente, o aluno ansioso precisa buscar mecanismos que ajudem a reduzir a ansiedade, e a forma eficaz que encontra é não estudar matemática e evitar situações que envolvam o conhecimento matemático.

A ansiedade matemática aumenta com a idade, porém, conforme aumenta a idade, os alunos também progridem nas séries escolares sendo, portanto, submetidos a conteúdos gradativamente mais complexos e abstratos, tornando difícil separar os efeitos destas duas variáveis (série e idade) para verificar qual delas está sendo determinante da ansiedade. Por outro lado, foi verificado que a série do aluno é mais determinante, como gerador de ansiedade, que a variável sexo.

O desenvolvimento da autoconfiança é fator fundamental na redução da ansiedade matemática. Assim, devem ser propostos programas de mudanças de atitudes dos alunos que, por uma razão ou outra, são levados a acreditar que não conseguem ter um bom desempenho em matemática. Como a atitude em relação à matemática é um problema de natureza político-ideológica, é de fundamental importância que sejam efetuadas mudanças nestas atitudes, pois os estudantes devem ser persuadidos de que podem entender e trabalhar com matemática, que não são os únicos a apresentar ansiedade com relação a essa disciplina e que podem ser auxiliados a superar esses problemas.

A principal tarefa no tratamento da ansiedade matemática é demonstrar aos alunos, mediante um programa de dissensibilização, que o medo e a ansiedade que eles experimentam com relação à matemática é devido ao fator emocional, prioritariamente, e não ao fator intelectual. Isso pode ser feito através dos seguintes recursos: autobiografia matemática; grupo de trabalho, onde o estudante é solicitado dentre outras atividades a elaborar um tipo de diário a respeito dos sentimentos com relação à matemática e às tarefas propostas e o treinamento assertivo, com acompanhamento periódico do aluno quando este finaliza o programa e deixa as atividades de apoio.

As pesquisas têm evidenciado que os estudantes com menor rendimento em matemática são aqueles que apresentam maior ansiedade com relação a essa disciplina e também são aqueles que mostram mais atitudes negativas em relação a ela. O avanço das pesquisas a respeito da ansiedade matemática tem permitido o aparecimento de serviços de ajuda a estudantes que se percebem ou são identificados como portadores de ansiedade matemática. Por outro lado, os estudantes habilidosos em matemática são aqueles que apresentam elevada autoconfiança, desempenho superior aos demais alunos da classe, preferem a matemática e outras disciplinas das áreas de exatas, demonstram facilidade para compreender os conceitos e para desenvolver estratégias de solução dos problemas apresentados.

Aproveitamos a ocasião que o texto anterior nos oferece para exemplificar como os objetos do conhecimento podem ser *contaminados* com nuances e formas com as quais os objetos dos afetos, suas articulações com as emoções e sentimentos[4] se imbricam na história de vida das pessoas.

Como já enfatizamos, a situação abordada no texto se refere à Matemática, mas poderá ocorrer e ocorre com outras disciplinas e ou atividades na escola.

Há alunos que também se mostram ansiosos e *bloqueados* quando são solicitados a escrever e falar em voz alta para a turma, não se motivam porque não entendem porque se estuda História, não *decoram* os termos científicos em Ciências e não conseguem lidar com *fórmulas*, etc.

Freqüentemente o problema da ansiedade é mais amplo, e o aluno rejeita a escola como um todo, infelizmente chegando a interromper sua escolarização.

Nestes casos é importante termos, como instrumento de apoio para análise do que pode estar ocorrendo, o conceito de *superdeterminação*, *sobredeterminação* ou *determinação múltipla*.

4 Ver glossário.

Segundo Laplanche e Pontalis, estes termos são equivalentes enquanto fenômenos, embora possam apresentar diferenças nos diversos sintomas emocionais.

> O fato de uma formação do inconsciente sintoma, sonho, etc. remeter para uma pluralidade de fatores determinantes. Isto pode ser tomado em dois sentidos bastante diferentes.
> a) A formação considerada é resultante de diversas causas, pois que uma só não basta para explicar;
> b) A formação remete para elementos inconscientes múltiplos, que podem organizar-se em seqüências significativas diferentes, cada uma das quais, a certo nível de interpretação, possui a sua consciência própria. Este segundo sentido é mais geralmente aceito. (1970, p.641)

No caso analisado no texto podemos identificar vários destes fatores intervenientes. Procurem elencá-los, estabelecendo fatores condicionantes e efeitos decorrentes, analisando de que forma se superdeterminam.

No caso da Matemática, para *agravar* a situação, existe toda uma *ideologia* que é só para os *inteligentes*, para quem tem queda para o *raciocínio*, etc.[5]

Sempre fico preocupada quando a desculpa é *o aluno não tem base*, sem que esta falta de base seja melhor conhecida. Na verdade a falta de base é cumulativa, pois os fatores sobredeterminantes podem se reforçar anos após anos, por falta de uma avaliação diagnóstica bem feita, acompanhada de observação de atitudes dos alunos, comentários que ajudem a escola a entender o que está ocorrendo.

O *não dou para isso, não adianta nem tentar, não vou aprender mesmo* indicam claramente que as dimensões cognitivas e afetivas estão se reforçando mutuamente.

---

5 Eu mesma fui vítima desse preconceito. Quando cursava o Normal (em plena adolescência) o professor de Matemática e Física dizia que mulher não precisava aprender estas duas disciplinas. Imaginem como eram dadas as aulas!!! E as conseqüências para o futuro exercício profissional? Para sorte minha àquela época não havia prova de Matemática nem Física no vestibular de Pedagogia. Mas não escapei nem de Fundamentos de Matemática, nem de Estatística. Quando passei a entender do que se tratava, gostei!

Já existem pesquisas e estudos que mostram como esses quadros emocionais levam ao desânimo, à desistência, inclusive no ensino superior[6].

Cabe evitar, como tarefa que vai desde a formação de professores até o projeto pedagógico da escola e a atuação dos professores, que o afeto se converta em angústia ou suscite uma reação de defesa ansiosa.

---

6 Ver capítulo 5 sobre jovens e adultos neste livro.

Sobre o livro

Gostaria de esclarecer aos leitores o porquê de algumas características deste livro. Estas características poderão ser consideradas válidas, positivas ou não, mas é bom que saibam que foram intencionais. Outras características, sem dúvida, não se enquadram nos critérios escolhidos e o tipo de crítica com certeza será diferente.

Citarei as mais evidentes dentre as intencionais:

• A linguagem oscila entre o coloquial e o acadêmico. Muitas vezes, ao escrever, parecia estar conversando, contando casos aos meus alunos. Outras vezes a ênfase era na veiculação de teorias ou reflexões de outros autores. Isto foi decorrência dos anos em que lecionei e discuti os caminhos da Psicologia e da Educação, e procurei trabalhar com interlocutores;

• Tive que fazer opções, cortes, delimitações no vasto campo da Psicologia e da Educação. Ficaram de fora contribuições da Psicologia Social, da Psicologia Humanista, etc. Considerei mais pertinente iniciar uma articulação, ainda incipiente, como as Neurociências;

• Se mencionei e enfatizei problemas recorrentes, desde décadas atrás, sobre desenvolvimento dos alunos, foi porque não adianta relembrá-los sempre pela via das variáveis socioeconômicas. Que há correlação positiva entre nível socioeconômico e cultural e desempenho dos alunos já se sabe há décadas. O desafio é romper este ciclo vicioso. E o pedagógico tem sido minimizado, em geral, pelos acadêmicos;

• Enfatizei, dando exemplos dos resultados do SAEB, porque considero inaceitável que os resultados, que tanto poderiam ser utilizados na formação inicial e continuada dos professores, continuem escondidos no INEP;

• A cronologia está longa e detalhada, e espero que seja sempre consultada como, por exemplo, salientando os que são da mesma linha epistemológica ou participantes de uma área como a Neurociência, a Psicanálise, etc.;

• Ficarei devendo uma cronologia referente a autores brasileiros mais atuais. Não houve tempo hábil e não quis ser parcial. Na bibliografia alguns são citados;

• Sem medo de ser repetitiva, fiz menção de alguns temas e/ou autores em capítulos diferentes. Minha intenção foi minimizar a tradição de capítulos estanques;

• Recorri a revistas como *Viver, mente e cérebro* e *Neurociências*, objetivando trazer para discussão temas atuais, ainda em uma linguagem de divulgação científica.

Minha expectativa é que este livro ajude, também, a estabelecer pontes com os demais campos de conhecimento que participam da formação de professores como História da Educação, Sociologia da Educação, Didática, entre outras.

Finalizando, gostaria de reiterar que considero os aspectos legais, financeiros (verbas), administrativos e de gestão da escola e das cidades, fundamentais para uma efetiva melhoria da Educação. Mas sem o como fazer orientado teoricamente e avaliado de forma séria e ao mesmo tempo desarmada, isto é, sem corporativismos, o processo pedagógico não sustentará uma nova realidade em *sala de aula* ou na educação informal ou não-formal, em qualquer nível de ensino, com qualquer faixa etária, em qualquer contexto institucional.

Anna Maria Bianchini Baeta
Setembro de 2005

Bibliografia

ANDRADE, J. Psicanálise e neurociência. Neurociências, v.l, n.3, pp. 150-167, nov./dez. 2004.

ASHTON, P. T. Cross-cultural piagetian research: an experimental perspective. Harvard Educational Review, v.45, n.4, pp. 475-503, nov. 1975.

ASSMANN, H. Curiosidade e prazer de aprender: o papel da curiosidade na aprendizagem criativa. Petrópolis: Vozes, 2004.

BAETA, A. M. B. Níveis de julgamento de alunos de 1º, 2º e 3º graus de ensino e linhas metodológicas de seus professores. Rio de Janeiro: IESAE-FGV/INEP-MEC, 1978a.

__________. Operações mentais de adultos de baixa escolaridade, 1978b. Dissertação de Mestrado. Rio de Janeiro: IESAE-FGV.

__________. Análise de indicadores: uma experiência de avaliação na graduação da UERJ. Rio de Janeiro: UERJ, nov., 1995. (Relatório de Pesquisa)

__________. Pressupostos teóricos e implicações práticas do modelo SAEB. Estudos em Avaliação Educacional, n.25, pp. 23-42, jan./dez. 2002.

__________. et al. Museu da Vida/Fiocruz: uma contribuição para a educação formal? Rio de Janeiro: Fiocruz, 1999. (Relatório de Pesquisa)

BANKS-LEITE, L. Percursos Piagetianos. São Paulo: Cortez, 1997.

BECKER, F. A epistemologia do professor: o cotidiano da escola. Petrópolis: Vozes, 1993a.

_________. Ensino e construção do conhecimento: o processo de abstração reflexionante. Educação e Realidade, v.18, n.1, pp. 43-53, jan./jun. 1993b.

BRANDÃO, Z.; BAETA, A. M. B. & DUTRA, A. A Escola em Questão: Evasão e Repetência no Brasil. Rio de Janeiro: Dois Pontos, 1984.

BRITO, M. R. F. de. Afeto, atitude e ansiedade matemática. In: Transformar a Educação: o nosso desafio. Águas de Lindóia-SP, Anais do XVIII Encontro Nacional de Professores do PROEPRE, 2001.

CASTORINA, J. A. et al. Psicologia genética: aspectos metodológicos e implicações pedagógicas. Porto Alegre: Artes Médicas, 1998.

CEZIMBRA. M. Psicanálise à brasileira. Jornal O Globo. Caderno Prosa e Verso, 16 de junho de 2005, p.2.

COLL, C. Aprendizaje escolar y construcción del conocimiento. Buenos Aires: Paidos, 1994.

_________. O construtivismo na sala de aula. São Paulo: Ática, 1998.

_________. et al. Psicologia da educação. Porto Alegre: Artes, 1999.

DAMÁSIO, A. O erro de Descartes: emoção, razão e cérebro humano. São Paulo: Companhia das Letras, 1996.

_________. O mistério da consciência: do corpo e das emoções ao conhecimento de si. São Paulo: Companhia das Letras, 2000.

ERIKSON, E. Entrevista. In: EVANS, R. Construtores da Psicologia. São Paulo: Summus/EDUSP, 1979.

EVANS, R. Construtores da Psicologia. São Paulo: Summus/ EDUSP, 1979.

FAGUNDES, R. Professor sofre exaustão emocional. Jornal do Brasil, 13 de janeiro de 1999, p. 5.

FERNANDEZ, P. O lugar da queixa no processo da aprendizagem. In: GROSSI, E. & BORDIN, J. (Orgs.) Paixão de aprender. Petrópolis: Vozes, 1992.

FLAVELL, J. A. A Psicologia do Desenvolvimento de Jean Piaget. São Paulo: Pioneira, 1975.

FREUD, S. Cinco Lições de Psicanálise (1910). Coleção Os Pensadores. São Paulo: Abril Cultural, 1978.

FRIEDMAN, M. & FRIEDLAND, G. W. As Dez Maiores Descobertas da Medicina. São Paulo: Companhia das Letras, 2000.

GALVÃO, I. Henri Wallon: uma concepção dialética do desenvolvimento infantil. Petrópolis: Vozes, 1995.

GREGOIRE, J. et al. Avaliando as aprendizagens: os opostos da psicologia cognitiva. Porto Alegre: Artes Médicas, 2000.

GROSSI, E. P. & BORDIN, J. Paixão de aprender. Petrópolis: Vozes, 1992.

__________. (Orgs.) Construtivismo pós-piagetiano: um novo paradigma sobre aprendizagem. Petrópolis: Vozes, 1993.

HERCULANO-HOUZEL, S. Psicanálise, neurociência e o caminho do meio. Neurociências, v.1, n.3, p. 123, nov./dez. 2004.

IZQUIERDO, I. A arte de esquecer: memória e esquecimento. Rio de Janeiro. Vieira & Lent, 2004.

JABOUR, D. C. O método hipotético dedutivo e as operações formais. Dissertação de Mestrado. Rio de Janeiro: PUC-Rio, 1977.

JAFFARD, R. A diversidade da memória. Viver-Mente&Cérebro, São Paulo: Ediouro/Segmento-Duetto Editorial, Edição Especial Memória, Ano XIII, n. 144, pp. 5-7, jan. 2005.

KAMII, C. & CLARK, G. Reinventando a aritmética: implicações da teoria de Piaget. Campinas: Papirus, 1986.

LAPLANCHE. J. & PONTALIS. J. B. Vocabulário da psicanálise. Santos: Martins Fontes, 1970.

LA TAILLE, Y de. et al. Piaget, Vygotsky e Wallon: teorias psicológicas em discussão. São Paulo: Summus, 1992.

LEMBRUBER, V. As bases neurocientíficas da psicoterapia. Viver-Mente&Cérebro, São Paulo: Ediouro/Segmento-Duetto Editorial, Edição Especial Memória, Ano XIII, n.144, pp. 24-28, jan. 2005.

LE DOUX, J. Medo condicionado. Viver-Mente&Cérebro, São Paulo: Ediouro/Segmento-Duetto Editorial, Edição Especial Memória, Ano XIII, n.144, pp. 68-73, jan. 2005.

LURIA, A. R. Pensamento e linguagem: as últimas conferências de Luria. Porto Alegre: Artes Médicas, 1986.

_________. A construção da mente. São Paulo: Ícone, 1992.

MACEDO, L. de. Ensaios construtivistas. São Paulo: Casa do Psicólogo, 1994.

MAZZONI. G. Crimes, testemunhos e falsas recordações. Viver-Mente&Cérebro, São Paulo: Ediouro/Segmento-Duetto Editorial, Edição Especial Memória, Ano XIII, n.149, pp. 78-84, jun. 2005.

MEC/INEP/DAEB. SAEB 2001. Relatório Matemático. Brasília, 2002a.

_________. SAEB 2001. Relatório Língua Portuguesa. Brasília, 2002b.

MENEZES. E. D. B. de. A sociologia de Jean Piaget: uma resposta às questões "irritantes" In: BANKS–LEITE, L. (Org.) Percursos piagetianos. São Paulo: Cortez, 1997.

MILLOT, C. Freud antipedagogo. Rio de Janeiro: Zahar, 1987.

MILHOLLAN, F. & FORISHA, B. E. Skinner x Rogers: maneiras contrastantes de encarar a educação. São Paulo: Summus Editorial, s/d.

MONSERRAT, N. Asas da imaginação – o elo perdido na origem da consciência? Neurociências, v.1, n.3, pp. 150-167, nov./dez. 2004.

PARRAT, S. & TRYPHON, A. Sobre a pedagogia. São Paulo: Casa do Psicólogo, 1998.

PATTO, M. H. S. Psicologia e ideologia: uma introdução crítica à psicologia escolar. São Paulo: TA Queiroz, 1984.

PAUEN, M. Somos livres para agir? Viver-Mente&Cérebro, São Paulo: Ediouro/Segmento-Duetto Editorial, Edição Especial Memória, Ano XIII, n.146, pp. 88-94, mar. 2005.

PEEL, E. A. Explicando e julgando. Fórum Educacional, v.2, n.2, pp. 29-33, abr./jun. 1978.

PERRENOUD, P. Construir as competências desde a escola. Porto Alegre: Artmed, 1999.

PERREAU-LINCK, E. et al. Fingimento da verdade. Neurociências, v.1, n.3., p. 125, nov./dez. 2004.

PENNA, A. G. Introdução à psicologia do século XX. Rio de Janeiro: Imago, 2004.

__________. Introdução à epistemologia. Rio de Janeiro: Imago, 2000.

__________. Acerca dos psicólogos-educadores na cidade do Rio de Janeiro: Manoel Bonfim, Maurício Campos de Medeiros, Plínio Olinto e Lourenço Filho. Fórum Educacional, Rio de Janeiro: FGV/IESAE, v.13, n.3., pp. 7-34, jan./ago. 1989.

PESSANHA, J. A. M. Vida e obra. In: PLATÃO. São Paulo: Abril Cultural, 1979. Coleção Os Pensadores.

__________. Vida e obra. In: ARISTÓTELES. São Paulo: Abril Cultural, 1978. Coleção Os Pensadores.

PETIT, L. & ZAGO. Bases neurais da curta duração. Viver-Mente&Cérebro, São Paulo: Ediouro/Segmento-Duetto Editorial, Edição Especial Memória, Ano XIII, pp. 80-83, 2005.

PEVSNER. J. Leonardo da Vinci, neurocientista. Viver-Mente&Cérebro, São Paulo: Ediouro/Segmento-Duetto Editorial, Edição Especial Memória, Ano XIII, n.148, pp. 88-95, mai. 2005.

PIAGET, J. Estudos sociológicos. Rio de Janeiro: Forense, 1973.

__________. Para onde vai a Educação? Rio de Janeiro: José Olimpio/UNESCO, 1974.

__________. Psicologia e pedagogia. Rio de Janeiro: Forense Universitária, 1976a.

__________. Seis estudos de psicologia. Rio de Janeiro: Forense Universitária, 1976b.

__________. A tomada de consciência. São Paulo: EDUSP/ Melhoramentos, 1977.

_________. Fazer e compreender. São Paulo: EDUSP/ Melhoramentos, 1978.

_________. Possível, o impossível e o necessário: as pesquisas em andamento ou projetadas no Centro Internacional de Epistemologia Genética. In: LEITE, L. B. (Org.) Piaget e a escola de genética. São Paulo: Cortez, 1987.

_________. & GARCIA, R. Psicogênese e história das ciências. Lisboa: Publicações Dom Quixote, 1987.

_________. & INHELDER, B. Da Lógica da criança à lógica do adolescente. São Paulo: Livraria Pioneira Editora, 1976.

PICHON-RIVIÈRE, H. Teoria do vínculo. São Paulo: Martins Fontes, 1986.

POZO, J. I. El Aprendizaje y la enseñanza de hechos y conceptos. In: COLL C. et al. Los contenidos en la reforma. Buenos Aires: Santillana, 1994.

RAPPAPORT, C. R. Teorias do desenvolvimento: conceitos fundamentais. v.1. São Paulo: EPU, 1981.

RIBEIRO, S. Quando a mente mente. Viver-Mente&Cérebro, São Paulo: Ediouro/Segmento-Duetto Editorial, Edição Especial Memória, Ano XIII, n.146, p. 23, mar. 2005.

ROSA. E. Z. et al. Psicologia sócio-histórica: uma tentativa de sistematização epistemológica e metodológica: In: KAHHALE, E. M. P. (Org.) A diversidade da Psicologia: uma construção teórica. São Paulo: Cortez, 2002.

SACKS, O. No rio da consciência. Viver-Mente&Cérebro, São Paulo: Ediouro/Segmento-Duetto Editorial, Edição Especial Memória, Ano XIII, n.148, pp. 29-37, mai. 2005.

SAPOLSKY.R.M.Memóriasestressadas.Viver-Mente&Cérebro, São Paulo: Ediouro/Segmento-Duetto Editorial, Edição Especial Memória, Ano XIII, n.146, pp. 24-29, mar. 2005.

SCHEEFFER, R. Introdução aos Testes Psicológicos. Rio de Janeiro: FGV, 1968.

SCHILLER, P. Organismo, corpo, linguagem. Viver-Mente&Cérebro, São Paulo: Ediouro/Segmento-Duetto Editorial, Coleção Memória da Psicanálise, n.4, pp. 82-91, s/d.

SISTO, F. F. et al. (Orgs.) Leituras de psicologia para formação de professores. Petrópolis-RJ/Bragança Paulista-SP: Vozes/ Universidade São Francisco, 2000.

VASCONCELOS, M. S. A difusão das idéias de Piaget no Brasil. São Paulo: Casa do Psicólogo, 1996.

VYGOTSKY, L. S. Pensamento e linguagem. São Paulo: Martins Fontes, 1989.

__________. A Formação social da mente. São Paulo: Martins Fontes, 1998.

__________. ; LURIA, A. R. & LEONTIEV, A. Linguagem, desenvolvimento e aprendizagem. São Paulo: Ícone e EDUSP, 1988.

WERTSCH. J. V. Vigotsky y la formación social de la mente. Cognición y desarrollo humano. Barcelona/Buenos Aires/ México: Ediciones Paidos, 1988.

ZIMMER, C. A fantástica história do cérebro: o funcionamento do cérebro humano. Rio de Janeiro: Elsevier, 2004.

Glossário

Este glossário tem por objetivo tornar conceitos, termos, concepções mais acessíveis aos leitores.

Para algumas palavras, optamos por definições de autores, com o objetivo de não fornecer uma versão muito *dicionarizada*; com a menção do autor, é possível despertar um desejo de complementar a leitura.

Em outros casos utilizamos partes de um glossário, de cuja elaboração sou co-autora e que consta do trabalho - Proposta Pedagógica da Educação Científica do SESC -2000. Estas estarão assinaladas com um asterisco; outras serão retiradas de dicionários de Psicologia e Psicanálise, sendo também indicadas as fontes.

Ciências Humanas - "Embora seja evidente que toda e qualquer ciência é humana, porque resulta da atividade humana de conhecimento, a expressão *ciência humana* refere-se àquelas ciências que têm o próprio ser humano como objeto. A situação de tais ciências é muito especial. Em primeiro lugar, porque seu objeto é bastante recente: o homem como objeto científico é uma idéia surgida apenas no século XIX. Até então, tudo quanto se referia ao humano era estudado pela Filosofia." (CHAUÍ, 1994, p.271)

Condicionamento Operante - O comportamento, segundo Skinner, pode ser e é controlado por suas conseqüências - estímulos que se seguem à resposta a uma ação do indivíduo. Os eventos ou estímulos que se seguem à resposta e tendem a reforçar o comportamento ou aumentar a probabilidade daquela resposta são chamados reforçadores. São considerados reforçadores generalizados sinais de aprovação, tais como respostas verbais como, *isso mesmo* que procuram *modelar* o comportamento dos outros; sinais não-verbais como sorriso ou aceno de cabeça afirmativo são também reforços positivos.

Os reforços negativos, como castigos e palavras que indicam desagrado, são chamados aversivos e visam modelar o comportamento dos outros, tornando as ações cada vez mais evitadas ou mesmo extintas. As máquinas de ensinar e as instruções programadas são exemplos de aplicação no ensino do condicionamento operante. Conferir Milhollan.

Consciência - Pelo menos nos seres humanos a consciência não é um monolito: ela pode ser separada em tipos complexos e simples e os dados neurológicos deixam clara essa separação. O tipo mais simples, que denomino *consciência central*, fornece ao organismo um sentido de *self* concernente a um momento - agora - e a um lugar - aqui. O campo de ação da consciência central não ilumina o futuro, e o único passado que ela vagamente nos permite vislumbrar é aquele ocorrido no instante imediatamente anterior. Não há outro lugar, não há antes, não há depois. Por outro lado, o tipo de consciência complexo, que denomino consciência ampliada e que possui muitos níveis e graus, fornece ao organismo um complexo sentido de *self* - uma identidade e uma pessoa, você ou eu - e situa essa pessoa em um ponto do tempo histórico individual, ricamente ciente do passado vivido e do futuro antevisto, e profundamente conhecedora do mundo além deste ponto. (DAMÁSIO, 2000, p.33-4)

Emoção - As emoções possuem características específicas que as distinguem de outras manifestações da afetividade. São sempre acompanhadas de alterações orgânicas, como aceleração dos batimentos cardíacos, mudanças no ritmo da respiração, dificuldade na digestão, secura na boca. Além dessas variações no funcionamento neurovegetativo, perceptíveis para quem as vive, as emoções provocam alterações na mímica facial, na postura, na forma como são executados os gestos. Acompanham-se de modificações visíveis do exterior, expressivas, que são responsáveis por seu caráter altamente contagioso e por seu poder mobilizador do meio humano. (GALVÃO, 1995, p.62)

Estas manifestações faciais, em geral, se alteram com a idade pelo recurso da fala, das apresentações mentais, adquirindo maior independência dos fatores corporais.

Empirismo - É a posição filosófica que considera as características do homem como conseqüência da experiência. A premissa básica da abordagem empírica é que as funções intelectuais podem ser acentuadamente influenciadas pelos acontecimentos na vida de uma pessoa. (MILHOLLAN, 1972, p.29) O termo corresponde a ambientalismo e na Psicologia ao behaviorismo ou comportamentalismo.

No senso-comum, os provérbios que refletem o ambientalismo são: *o hábito faz o monge, a ocasião faz o ladrão* e *é cedo que se torce o pepino.*

Epistemologia - Gnosiologia, Teoria do Conhecimento, ou mesmo, como prefere Nicolai Hartmann, Metafísica do Conhecimento, constituem expressões equivalentes para efeito de se designar a reflexão sobre a natureza do conhecimento, suas formas, suas características, sua origens, seus limites, seus obstáculos e, sobretudo, sobre o tema da verdade. (PENNA, 2000, p.17)

Epistemologia Genética - o termo elaborado por Piaget "expressa não apenas um programa técnico-científico, mas também área em que ele situa Psicologia Cognitiva, na fronteira da Filosofia, entendida principalmente como Filosofia da ciência e ainda em sua vertente lógica matemática (...) opõe-se vigorosamente aos behavioristas e aos racionalistas ou inatistas.

(...) epistemologia é o estudo da relação sujeito-objeto na cognição, ou seja, a teoria do conhecimento em seus estados acabados - a epistemologia genética é o estudo do desenvolvimento dessa relação, logo, de origem e evolução dos processos que geram e permitem o conhecimento. (SEMINÉRIO, 1996, p.9 e 11)

Era Neurocêntrica - No início do século XXI, milhares de neurocientistas continuam a estudar o cérebro sem precisar esperar a morte. Trabalham com o cérebro em funcionamento escaneando o brilho positrônico dos neurônios em diferentes situações.

Esquemas Assimiladores - Refere-se àquilo que é generalizável na ação. Assim, um bebê que chupe uma chupeta generaliza esta para outros objetos como mamadeira, dedo, brinquedos*.

Fazer - Conceito piagetiano que significa realizar uma ação com sucesso. É a primeira aproximação com o objeto do conhecimento; não implica ou inclui o compreender, ainda. O sujeito pode, por exemplo, realizar um experimento de física ou uma reação química, sem, no entanto, compreender os princípios científicos envolvidos na situação*.

Figurativo - O aspecto figurativo corresponde à atividade perceptiva; baseia-se em receptores sensoriais de sons, odores, figuras, táteis, etc. Refere-se ao que é exterior ao sujeito que observa e permite o início de uma interação com o objeto do conhecimento*.

Heteronomia - Para as crianças ou adultos heterônomos, as regras são leis externas e sagradas, por serem impostas pelos adultos/autoridades (ex.: regras de um jogo)*.

Inatismo - Refere-se à hereditariedade, à composição genética de uma pessoa, transmitida por seus pais através da combinação de gens. As propriedades básicas do homem, sua inteligência, personalidade, motivos, percepções, emoções, não são concebidas como sujeitas à mudança qualitativa durante o período de vida, mas presume-se que existem pré-formados no nascimento. (MILHOLLAN, 1972, p.28-9)

No senso-comum as pessoas refletem o inatismo em provérbios tais como: *pau que nasce torto morre torto*, *filho de peixe, peixinho é*, *quem nasceu para tostão nunca chega a milhão*.

Instinto de morte ou Tânatos - Termo grego (a morte) às vezes utilizado para designar as pulsões de morte; por simetria com o termo "Eros", o seu emprego sublinha o caráter radical do dualismo pulsional, conferindo-lhe um significado quase místico. (LAPLANCHE e PONTALIS, 1970, p.651)

Interação - Ação recíproca entre duas ou mais pessoas e/ou coisas. Do ponto de vista da teoria do conhecimento, a interação assume papel relevante, na medida em que explica determinadas formas da relação entre o sujeito e o objeto do conhecimento, proporcionando construção de novos esquemas, novos conceitos, etc.

Interatividade - Refere-se à capacidade de interação sujeito e objeto. Conceito original da informática, que significa a resposta ou as informações fornecidas aos comandos dos usuários, e apropriado pela Educação, sem a necessária base conceitual para transposição*.

Libido - "Energia postulada por Freud como subtrato das transformações da pulsão sexual quanto ao objeto (deslocamento dos investimentos), quanto ao alvo (sublimação, por exemplo) e quanto à fonte da excitação sexual (diversidade das zonas erógenas)."

Em Jung, a noção de libido alargou-se ao ponto de designar "A energia psíquica" em geral, presente em tudo o que é "tendência para" *appetitus*. (LAPLANCHE e PONTALIS, 1970, p.343)

Libido designa em latim desejo, e mais tarde novo conceito é introduzido na teoria, ou seja, pulsões do ego ou interesse. As zonas erógenas são de acordo com Freud: oral, anal fálica e genital.

Linguagem - Sistema de regras, que serve de meio de comunicação entre indivíduos e pode ser pelos órgãos dos sentidos. Forma de expressar e comunicar idéias, conceitos, sentimentos e sensações. Incorpora aspectos lúdicos e estéticos, além do plano intelectual*.

Memórias de curta e longa duração - As memórias de curta e de longa duração são feitas (consolidadas, constituídas) por células especializadas do hipocampo e das áreas do córtex com as quais ele se conecta. A memória de curta duração só serve para manter a informação disponível para o sujeito durante o tempo que a memória de longa duração requer para ser construída. Esse tempo é de várias horas e depende de uma constelação seqüencial de fenômenos bioquímicos, hoje bem desvendados no hipocampo e em algumas outras regiões cerebrais a ele ligadas. A memória de longa duração leva muitas horas para ser construída e dura meses, anos e décadas. (IZQUIERDO, 2004, p.35)

Memória Declaratória ou Explícita - Se refere a fatos e eventos, ao lado de sua percepção consciente de sabê-los: sou um mamífero, hoje é segunda-feira, etc. (SAPOLSKY. 2005, p.26)

Memória de Trabalho - É o instrumento que possuímos para analisar a realidade e seu funcionamento, é constante... É ao mesmo tempo nosso filtro básico de informações, tanto de origem interna e nosso administrador dessas informações, nosso *gerente* cerebral. A informação externa consiste naquilo que nossos sentidos percebem. A informação interna consiste em interações entre memórias e pensamentos. O esquecimento rápido é sua propriedade fundamental para não ficarmos aturdidos e inundados pelo excesso de informação, e é regulado basicamente pelo córtex pré-frontal e suas conexões. (IZQUIERDO, 2004, p.29)

A memória de trabalho se divide em três subconjuntos: o centro executivo, que constitui um sistema de controle da atenção capaz de supervisionar a informação oriunda de dois sistemas subordinados, a alça fonológica e a alça vísuo-espacial. A alça fonológica processa as informações da linguagem e da audição, enquanto a alça vísuo-espacial retém as imagens. (PETIT e ZAGO, 2005, p.80)

Memória Processual ou Implícita - Tem a ver com habilidades e hábitos, com fazer coisas mesmo sem ter de pensar conscientemente nelas: mudar as marchas do carro, andar de bicicleta, dançar. (SAPOLSKY, 2005, p.26)

Multidisciplinaridade - Aproximação entre conteúdos e métodos de disciplinas diversas de áreas diversas. Diferentes enfoques sobre objetos analisados*.

Operativo/Operatório - O aspecto refere-se às transformações exercidas pelo sujeito sobre os estados do real (aspecto figurativo), através de sua ação tanto física quanto mental. Por exemplo, o sujeito com pensamento operatório faz classificações, seriações, correspondências, combinatória, operações reversíveis (soma - subtração). Caracteriza a mudança qualitativa que indica o início de período das operações concretas segundo Piaget*.

Processo primário - Refere-se às características do sistema inconsciente e o processo secundário ao sistema pré-consciente-consciente.

(...) A oposição entre processo primário e processo secundário é correlativa da oposição entre princípio de prazer e princípio de realidade. (LAPLANCHE e PONTALIS, 1970, p.475)

Psicanálise -

• estudo da estrutura e do funcionamento do inconsciente e de suas relações com o consciente;

• estudo das patologias ou perturbações inconscientes e suas expressões conscientes (neuroses e psicoses). (CHAUÍ, 1994, p.276)

Psicologia -

• estudo das estruturas, do desenvolvimento das operações da mente humana/consciência, vontade, percepção, linguagem, memória, imaginação, emoções;

• estudo da estruturas e do desenvolvimento dos comportamentos humanos e animais;

• estudo das relações intersubjetivas dos indivíduos em grupo e em sociedade;

• estudo das perturbações (patologias) da mente humana e dos comportamentos humanos e animais. (CHAUÍ, 1994, p.276)

Psicologia Educacional ou da Educação - Contribuições que a Psicologia *científica* oferece à educação através de teorias sobre aprendizagem, desenvolvimento, relações intersubjetivas do indivíduo em grupo e ou sociedade. (PATTO, 1984, p.7)

Psicologia Escolar - Atuação do profissional formado em Psicologia que atua como técnico especializado. Exerce atividades para a eficácia do processo educativo. (PATTO, 1984, p.7)

Reflexo Condicionado ou Condicionamento Clássico - É uma expressão da doutrina de associação baseada na pesquisa de laboratório do fisiologista russo Ivan P. Pavlov (1849-1936). Para Pavlov, o processo de aprendizagem consistia na formação de uma associação entre um estímulo e uma resposta aprendida através de contigüidade (no mesmo lugar ou ao mesmo tempo). O estímulo é geralmente simbolizado como S. O reflexo ou resposta é simbolizado por R. Para Pavlov, a aprendizagem envolve uma espécie de conexão no sistema nervoso central entre S e um R. (MILHOLLAN, 1972, p.57)

Ficaram conhecidas, como exemplos, as experiências de condicionar a resposta de salivação de cães ao estímulo campainha, e os passos de um atendente, associados, por contigüidade, ao alimento carne.

Transposição Didática - Compreende a capacidade de operacionalizar princípios teóricos em áreas como a Psicologia, a Sociologia e a Filosofia, em práticas pedagógicas como Metodologia de Ensino.

Cronologia

Optei por iniciar a cronologia com o filósofo Sócrates, por critérios relacionados ao conteúdo deste livro que se refere ao pensamento ocidental.

Não introduzi, nem os pré-socráticos, nem contribuições importantes sobre o homem, de religiões e artes e filosofia do antigo Egito, da China, Índia, nem mesmo a filosofia e religião judaicas, pois tornaria o trabalho muito extenso e pouco pertinente ao escopo deste livro.

O marco inicial em Sócrates foi determinado pela preocupação deste filósofo pelo conhecimento e pela virtude, e pelo seu famoso método pedagógico - a maiêutica ou a parturição das idéias.

Foram incluídos nomes que, de alguma forma, se relacionaram ou mesmo formularam teorias abordadas no livro, por pertencerem a correntes ou especialidades não abordadas, tais como Psicologia Social, Psicomotricidade, entre outras.

- **Sócrates** (436-338 a.C.) - Acreditava que a virtude é o resultado do conhecimento, e que a verdade está implícita no intelecto humano;
- **Platão** (427-348 a.C.) - Filósofo grego. A ontologia de Platão divide o mundo em mundo das idéias ou das essências verdadeiras e o mundo das coisas ou das aparências, uma cópia deformada ou imperfeita do mundo das idéias. Platão escreveu vários *Diálogos* e a *República*, onde idealiza sua Utopia, ou seja, a sociedade perfeita.

- **Aristóteles** (384-322 a.C.) - Filósofo grego. Procurando classificar as almas, dissecou animais, fez descobertas importantes, tornando-se o primeiro biólogo do mundo. Considerou o coração como o lugar bem mais lógico para abrigar as faculdades da alma racional.
- **Galeno de Pérgamo** (130-200 d.C.) - Maior médico grego da era romana antiga. Observando gladiadores feridos e fazendo dissecações em animais criou uma nova versão do corpo humano, cheia de equívocos. Sua obra sofreu também efeitos negativos de sucessivas traduções. Teve influência até a Idade Moderna, nos séculos XVI e XVII.
- **Santo Agostinho** (354-430 d.C.) - A tese de Agostinho é platônica. A alma e o intelecto devem ser exercitados a fim de serem despertados para a apreensão das verdades eternas reveladas. A questão crucial é o platonismo cristianizado de luz interior. Autor de *Confissões* e a *Cidade de Deus*;
- **São Tomás de Aquino** (1225-1274) - Teólogo do século XIII, reconheceu em Aristóteles os prenúncios do cristianismo quanto ao sistema geocêntrico e a alma como forma de vida.
- **Leonardo da Vinci** (1452-1519) - Considerado artista-cientista, sua obra reflete o homem universal de sua época: pintura, escultura, arquitetura, engenharia, física, química. Interessou-se pelo fluxo biológico e pelo comportamento humano entre outros estudos.
- **André Vesalio** (1514-1564) - Médico famoso que identificou erros de Galeno. Seu livro *A fábrica (corpo humano)*, foi o primeiro livro de medicina a trazer ilustrações. Marcou o início da moderna anatomia humana;
- **Galileu** (1564-1642) - Físico e astrônomo, demonstrou empiricamente a teoria heliocêntrica de Copérnico. Considerado criador do método científico, criou ou desenvolveu instrumentos necessários a suas pesquisas, como o telescópio.
- **Descartes** (1596-1650) - Filósofo e Matemático, discute a teoria das idéias inatas em várias obras, como no *Discurso do método* e nas *Meditações metafísicas*. Racionalista e inatista, foi o pensador de grande importância na Teoria do Conhecimento.
- **Willis** (1621-1675) - Sua obra interessa tanto à história da psiquiatria como à da neurologia. Fez importantes descobertas sobre o cérebro, sobre os nervos vago e simpático. Considerado o

criador da Neurociência, apesar de alguns equívocos próprios da época em que viveu.

• **Locke** (1632-1704) - Filósofo marcante do empirismo no início da era moderna, escreveu *Ensaio sobre o entendimento humano.*

• **Newton** (1643-1727) - Físico e Matemático, estabeleceu a lei da gravidade, descobriu a natureza da luz, foi o formulador da idéia de que as leis da natureza expressam como as coisas são formadas.

• **Leibniz** (1646-1716) - Distinguia as verdades da razão e as verdades de fato. As primeiras são inatas, as segundas dependem da experiência. Filósofo e Matemático, é considerado um dos criadores do cálculo diferencial e integral.

• **Hume** (1711-1776) - Filósofo empirista, para quem o conhecimento provém das sensações fornecidas pelos sentidos. As idéias são cópias modificadas das impressões com o auxílio da memória e da investigação.

• **Rousseau** (1712-1778) - Filósofo que exerceu influência enorme no campo da Educação, pois colocou a criança no centro das preocupações pedagógicas. Sua obra *Emílio* (entre outras), ultrapassou os horizontes políticos e sociais e chega à natureza humana, que ele considerava boa em essência.

• **Kant** (1724-1804) - Supera o inatismo e o empirismo ao considerar que a razão possui estrutura universal, necessária *a priori*. O objeto do conhecimento se constitui por conteúdo empírico que recebeu as formas e categorias do sujeito do conhecimento. Autor da *Crítica da razão pura* e *Crítica da razão prática.*

• **Pinel** (1745-1826) - Psiquiatra famoso por ter convencido o mundo que os loucos são doentes e não pessoas endemoniadas ou possessas. Revolucionou com esta postura as formas de tratamento, nem sempre seguidas.

• **Herbart** (1776-1841) - Seu traço característico é enfatizar que a pedagogia deveria basear-se em uma psicologia científica. Autor de várias obras, entre as quais se destacam *Psicologia como ciência* e *Pedagogia Geral.*

• **Comte** (1798-1857) - Autor de uma corrente de pensamento, o Positivismo, que afirma que o estado positivo da ciência é marcado pelo predomínio da observação em relação à imaginação e à argumentação.

• **Darwin** (1809-1882) - Cientista que revolucionou a concepção sobre o homem e sua origem. Autor do livro *A origem das espécies*, que coloca o homem como resultado da evolução natural. O homem deve ser encarado como uma unidade num sistema fora de si mesmo, devendo ser estudado em relação a sua história (filogênese) e a seu ambiente.

• **Galton** (1822-1911) - Primo de Darwin, estudou as diferenças individuais. Utilizou testes e métodos estatísticos. Inatista, foi um precursor da Psicometria.

• **Broca** (1824-1880) - Neurocirurgião estudioso, reconhecido como o descobridor da localização do centro da fala articulada no cérebro.

• **Charcot** (1825-1903) - Foi considerada a maior autoridade em doenças mentais na Europa, à época. Adotava a hipnose no tratamento da histeria. Freud, em 1885, foi a Paris com o objetivo de estudar com Charcot.

• **Wundt** (1832-1920) - Exerceu papel decisivo na constituição da Psicologia Experimental, ao anexar-lhe a Fisiologia e a Anatomia. Em 1879, criou em Leipzig o primeiro laboratório para pesquisas psicológicas. Autor dos livros *Elementos de psicologia fisiológica* e *Compêndio de psicologia*.

• **Brentano** (1838-1917) - A principal influência de Brentano foi estabelecer a Psicologia do ato, que afirma serem os processos psíquicos, em sua essência, atos que diziam respeito ou são orientados no sentido de conteúdos.

• **Bernheim** (1840-1919) - Não considerava o hipnotismo nem mais misterioso nem mais patológico do que a sugestão. Suas experiências com pessoas hipnotizadas foram objeto de descobertas de Freud sobre o inconsciente.

• **Breuer** (1842-1925) - Médico que trabalhou com Freud em neurologia clínica. Utilizou a hipnose e a catarse. Publicou com Freud o livro *Estudos sobre histeria*. Após anos de trabalho com Freud, não aceitou a ocorrência do fenômeno da transferência, nem o papel da sexualidade na origem das neuroses.

• **James** (1842-1910) - Interessado na Psicologia de sua época, manteve-se independente das principais correntes. Pesquisou as emoções, escreveu várias obras, entre elas, *Os princípios da psicologia*.

Suas teorias estão sendo retomadas pelas neurociências, já que, enquanto fundador do movimento funcionalista, ocupou-se pelo funcionamento da consciência. Acreditava que a consciência é um fluxo contínuo, é pessoal, dinâmica e seletiva.

• **Pavlov** (1849-1936) - Prêmio Nobel, fisiologista e neurologista, descobriu como se formam os reflexos condicionados. Teve imensa influência na psicologia behaviorista e reflexologista.

• **Ramón y Cajal** (1852-1934) - Grande neurologista, autor do livro *Histologiè du systeme nerveux des hommes et des vertebrés*. Tem sido citado pelos neurocientistas como um precursor de achados como a base biológica em modificações estruturais das conexões utilizadas pelo cérebro durante sua aquisição.

• **Bleuler** (1857-1939) - Psiquiatra que estudou as psicoses, criando inclusive o termo esquizofrenia. Enfatizou nesta psicose o fator orgânico.

• **Binet** (1857-1911) - Psicólogo encarregado de estudar níveis de rendimento escolar, criando os testes para estabelecer uma *escala métrica da inteligência.*

• **Freud** (1859-1939) - Médico que se notabilizou por criar uma nova concepção de estrutura psíquico-consciente e inconsciente e de uma forma de tratamento das doenças mentais, a Psicanálise. Marcou definitivamente a concepção de homem. As neurociências retomam suas teorias, confirmando ou não seus postulados.

• **Montessori** (1870-1952) - Médica psiquiatra tornou-se figura predominante da Escola Nova. Revolucionou a educação infantil. Autora de *A criança* e *Formação do homem*, teve influência em vários países, inclusive, o Brasil.

• **Jung** (1875-1962) - Figura das mais importantes da psicanálise em sua fase inicial. Possuidor de grande experiência psiquiátrica; trabalhou com Freud até que divergências teóricas os separassem.

• **Watson** (1879-1958) - Behaviorista, estudou as pesquisas de Pavlov, introduziu o behaviorismo nos Estados Unidos como ciência objetiva, excluindo consciência, atenção, memória, vontade e inteligência, como objetos da Psicologia.

• **Wallon** (1879-1962) - Médico e filósofo, o interesse pela psicologia da criança manifestou-se cedo. Sua carreira aproximou-o da educação, chegando a formular o projeto de reforma de ensino

Plano Langevin-Wallon. Foi ator político da Resistência Francesa na 2ª Guerra Mundial. Sua produção foi rica, mas seu estilo dificulta a difusão de suas idéias.

- **Weitheirmer (1880-1943)** - Psicólogo gestaltista, autor do livro *O pensamento produtivo*, interessou-se pelos processos criativos;
- **Koffka (1886-1941)** - Psicólogo gestaltista. Estudou fenômenos de percepção visual do movimento. Autor do livro *The growth of the mind.*
- **Kohler (1887-1949)** - Psicólogo gestaltista, autor do livro *The mentality of apes*, pesquisou processos mentais em animais, introduzindo o conceito de *insight* ou compreensão súbita.
- **Piaget (1896-1980)** - Formado em Biologia, Piaget interessou-se cedo pela Filosofia e Psicanálise. Dedicou-se, no entanto, à Epistemologia Genética, utilizando a Psicologia Genética como campo de investigação.
- **Vygotsky (1896-1934)** - Sua formação inicial foi como crítico literário, quando já revelava capacidade extraordinária de realizar análises psicológicas. Formou-se em Medicina e realizou estudos em neuropsicologia. Suas obras foram objeto de censura, pois insistia em trabalhar os processos cognitivos superiores como consciência, linguagem, contra a psicologia oficial da URSS, que era reflexiologista.
- **Luria (1902-1977)** - Iniciou seus estudos superiores em Ciências Sociais, mas seus interesses voltaram-se para a Psicologia. Foi convidado a participar do recém-criado Instituto de Psicologia de Moscou. Desde 1924, Vygotsky passou a ser líder intelectual de um grupo no qual Luria se integrou e deu continuidade aos trabalhos iniciados por Vygotsky, morto em 1934.
- **Erik Erikson (1902-1994)** - Psicanalista que introduziu aspectos culturais e históricos nas teorias psicanalíticas. Foi além da adolescência, estudando quadros psicológicos até a velhice.
- **Skinner (1904-1990)** - Psicólogo behaviorista, considerado um dos mais influentes no século XX. Pesquisou aprendizagem por condicionamento operante. Teve influência na educação por meio das máquinas de ensinar e das instruções programadas.

• **Ivan Izquierdo** (1937 -) - Neurocientista argentino naturalizado brasileiro. Especialista nos estudos para desvendar os mecanismos da memória em uma perspectiva transdisciplinar.

• **Damásio** - Neurocientista, autor de livros e artigos que vêm difundindo aspectos essenciais sobre mente e cérebro em uma visão monista.

Leituras Recomendadas

O livro *Teorias do desenvolvimento: conceitos fundamentais*, em quatro volumes, de Clara Regina Rappaport et al., é uma boa fonte inicial de contatos com a Psicanálise, Epistemologia Genética e Aprendizagem Social. Os quatro volumes tratam das bases teóricas gerais e do desenvolvimento segundo estas teorias da infância até a adolescência. Os volumes não chegam a 100 páginas, o que facilita a aquisição e a leitura.

Linguagem, desenvolvimento e aprendizagem contém trabalhos de Vygotsky, Luria e Leontiev sobre temas variados como diferenças culturais de pensamento (Luria), aprendizagem e desenvolvimento intelectual na idade escolar (Vygotsky) e os princípios psicológicos da brincadeira pré-escolar (Leontiev). Oferece, assim, uma ampla visão de autores da Psicologia Sócio-Histórica.

A diversidade da Psicologia: uma construção teórica organizada por Edna M. Peters Kahhale, tem como características básicas abordar várias linhas teóricas, por professores, e bolsistas, que são autores brasileiros. São apresentadas linhas, abordagens internacionais e contextualizam a Psicologia a partir de dados históricos, políticos e culturais necessários para situar a Sociologia em um contexto mais amplo.

O livro *Seis estudos de psicologia*, de Jean Piaget, tem sua publicação justificada pelo editor pelo fato de que na primeira parte o livro apresenta o essencial das descobertas de Piaget no domínio da Psicologia da criança. Na segunda parte são abordados problemas centrais - como os do pensamento, da linguagem, da afetividade - segundo uma dupla perspectiva genética e estruturalista.

A leitura apresenta uma visão geral do pensamento piagetiano já mencionado, pois sua publicação, em francês, é de 1964.

Piaget - Vygotsky - novas contribuições para o debate. Este livro contém trabalhos de Castorina, Emília Ferreiro, Lerner e Koll de Oliveira. A leitura não só tira dúvidas a respeito de falsas questões sobre o pensamento dos dois autores, como define, com maior precisão, algumas diferenças. É particularmente interessante por abordar as semelhanças e diferenças sobre o desenvolvimento da escrita de Vygotsky e Luria e a pesquisa de Emília Ferreiro.

O livro *A difusão das idéias de Piaget no Brasil*, originalmente a tese de doutoramento de Mário Sérgio Vasconcelos, é de leitura importante, tanto para a História da Educação, quanto para a área de Psicologia da Educação.

Dividido em duas partes, o livro trata, na primeira, do Movimento da Escola Nova: abertura de espaço para a difusão das idéias de Piaget e da aproximação entre Piaget e a Educação no Brasil.

Na segunda parte, aborda os Núcleos Piagetianos no Brasil em seus estudos do país, incluindo experiências em mais de uma cidade por esttado, e mais de uma instituição, desde universidades até escolas e Centros de Estudos.

Da mesma editora:

FILOSOFIA E EDUCAÇÃO
De Sõcrates a Habermas
Leandro Konder

Este livro é o resultado da experiência de mais de vinte anos deste professor-filósofo ministrando a disciplina de Filosofia da Educação nos cursos de Pedagogia e Licenciatura, na Universidade Federal Fluminense e na PUC-Rio.

"Leandro Konder é um desses professores que deixam marcas definitivas em seus alunos; entre elas, o gosto pela reflexão e a motivação para a leitura. Isto ele consegue, não só por ser um dos nossos intelectuais com uma sólida cultura geral, mas pela forma cativante com que torna divertida a tarefa de ensinar e aprender filosofia". (Zaia Brandão)

"A criatividade é característica marcante na obra filosófica de Leandro Konder. E também está presente em cada página deste livro. O leitor passará por muitos filósofos e muitas idéias, mas contará com uma chave de leitura, que articula o livro e dá sentido ao papel da filosofia na formação de professores".(Creso Franco).

COMA, EMAGREÇA E PERMANEÇA EM FORMA

Michel Montignac

Marcando nossa estréia no mercado editorial, lançamos no Brasil este livro, que faz a descrição e divulgação do Método Montignac, *best seller* que já vendeu desde seu lançamento na França, em 1987, mais de 16 milhões de exemplares em 42 países, e foi traduzido em 24 idiomas.

> *"O Método Montignac é interessante por três razões: primeiro, porque funciona realmente para perder peso. Segundo, pode ser seguido com facilidade, permitindo neutralizar a fome com bom nível de saciedade. Por isso oferece muito mais esperança para a continuação da perda de peso, comparado-se às dietas hipocalóricas tradicionais. Em terceiro lugar, o resultado do nosso estudo deixa claro que o Método Montignac é o único a ter benefícios sobre o nível das gorduras e insulina sangüínea. Além do mais, dá-se particular atenção à prevenção da hipercolesteremia e aos riscos cardiovasculares. O Método Montignc é promissor (...) por seu potencial a longo prazo quanto ao combate às patologias como diabetes e doenças cardiovasculares"*
>
> Professor Jean G.Dumesnil
> Cardiologista do Instituto de Cardiologia do Hospital de Laval
> Professor de cardiologia na Universidade Laval
> (Quebec, Canadá)

O livro traz uma nova metodologia de escolha dos bons alimentos, uma filosofia alimentar baseada exclusivamente na escolha dos carboidratos de **Baixo Índice Glicêmico**, método sem restrição quantitativa.

O livro traz também receitas rápidas, práticas, simples e baratas, que introduzirão o leitor no que o nutricionista Michel Montignac chama de **Gastronomia Nutricional**. Assim, além de aprender a manter seu peso ideal, escolhendo alimentos em função do seu gosto, do seu Índice Glicêmico e da sua carga de Carboidratos Puros, o leitor estará aprendendo uma nova forma de comer e beber sem se preocupar com a quantidade ou com o valor calórico, mas sim com a sua saúde e satisfação!